给母校的情书

南宁市第三中学 编

广西人民出版社

图书在版编目（CIP）数据

给母校的情书 / 南宁市第三中学编 . — 南宁：广西人民出版社，2023.11（2024.7重印）
（百年名校正青春）
ISBN 978-7-219-11670-8

Ⅰ.①给… Ⅱ.①南… Ⅲ.①南宁市第三中学—校友—回忆录 Ⅳ.① G639.286.71

中国国家版本馆 CIP 数据核字（2023）第 224534 号

GEI MUXIAO DE QINGSHU

给母校的情书

南宁市第三中学　编

策　　划	赵彦红		责任校对	梁小琪
执行策划	林晓明　陈晓蕾		美术编辑	牛广华　陈瑜雁
责任编辑	钟建珊			

出版发行　广西人民出版社
社　　址　广西南宁市桂春路6号
邮　　编　530021
印　　刷　广西昭泰子隆彩印有限责任公司
开　　本　889 mm × 1194 mm　1 / 32
印　　张　10
字　　数　180 千字
版　　次　2023 年 11 月　第 1 版
印　　次　2024 年 7 月　第 2 次印刷
书　　号　ISBN 978-7-219-11670-8
定　　价　45.00 元

版权所有　翻印必究

"百年名校正青春"丛书编委会

（按姓氏笔画排序）

主　任　韦　坚　韦屏山

副主任　贝伟浩　韦先鲜　冯宇斌　孙　振　杨　菲　李　杰
　　　　　李国栋　吴　红　何海夷　张　栋　周　晶　胡颖毅
　　　　　莫怡祥　梁　毅　梁东旺　戚志涛　蓝　宇　谭立勇
　　　　　魏述涛

编　委　丁　莉　于法锋　王　园　王祥斌　韦　良　韦国亮
　　　　　韦琴琴　邓曙光　玉党益　吕泉孜　朱云峰　刘　珑
　　　　　刘　栋　刘世林　刘培荣　江东洋　许大福　许家勇
　　　　　苏朝凤　李　昕　李　溪　李　睿　李凤华　李浩铭
　　　　　李鹏飞　杨　彬　吴善堂　邱丽燕　何　杰　何　炎
　　　　　张　静　张忠武　张金恒　陆　金　陆　勇　陆华芳
　　　　　陈　东　陈现永　周代许　庞　洁　宗焕波　胡　波
　　　　　胡纯辉　莫日红　莫焜贤　倪　华　唐永顼　黄　欢
　　　　　黄　灵　黄　洁　黄　继　黄　琴　黄文斌　黄成林
　　　　　黄秋明　黄梦竹　黄频捷　梁心玙　梁艳婷　梁蒙武
　　　　　覃俊明　谢展薇　蓝日更　雷　艳　雷　婷　雷以德
　　　　　谭　锋　谭佩玉　谭冠毅　黎文平　黎正旺　滕　雪
　　　　　潘俊全　魏远金

《给母校的情书》编委会

主　编　何海夷　胡颖毅

副主编　韦国亮　杨　彬　陆　勇

编　委　韦星旭　许家勇　李浩铭　陆　金
　　　　　陈现永　陈素珍　周建灿　徐　科
　　　　　龚洪玲　蓝日更

总 序

欲厦之高,必牢其基;欲流之远,必浚其源。自1897年维新人士余镜清创办的南宁乌龙寺讲堂算起,南宁市第三中学(简称南宁三中)历经了一百二十五年的洗礼与积淀,以其深厚的文化底蕴和卓越的办学特色,成为莘莘学子向往的求知殿堂,成为闪耀八桂大地的一个明星教育品牌。逢南宁三中一百二十五周年校庆之际,为了凝练延续名校基因,我们特别推出了"百年名校正青春"丛书,旨在回顾百年辉煌、展示教育求索、激励基因传承,这是南宁三中办学历程中一项具有里程碑意义的创举!

"百年名校正青春"丛书共计十册,是一次对学校发展蜕变的全景式展现,是一次对中学教育教学探索的全貌式分享，是一场弥足珍贵的文化盛宴。每一册书都浸染着南宁三中深厚的文化底色，以"真·爱"教育思想为引领，厚植"家的支柱，国之栋梁"的育人理念，秉持"以学术究真，以温暖施爱"的精神，从不同维度讲述南宁三中故事，展现新时代教育背景下蓬勃向上、生机盎然的南宁三中风貌。

在丛书里，《道从何处来》仿佛是一本扉页镶嵌着时间之石的珍宝簿，为我们展开了南宁三中砥砺百年的历史画卷。它以六个篇章为笔墨，深情而准确地勾勒出这所百年名校的成长脉络。通过那些极具代表性的图片和经典事件的点缀，让我们仿佛置身于隽永的岁月长河之中，得以亲近属于南宁三中的教育理想和抱负，明了永恒的教育精神和卓越的教学成就。

《学科浪漫故事》有如一泓清泉，洋溢着南宁三中这所百年名校的教育芬芳。纵览四方的辉煌，体味十三门学科的精彩教学故事和教师们的辛苦与创新，名师们的风采和学生们的真情得以淋漓尽致呈现。在南湖之畔的南宁三中讲台，奏出一曲曲优美乐章，无一不让人流连沉醉。

《草木尽欲言》仿佛是一簇鲜花，伴着南国和畅清风，为我们拂来南宁三中校园里草木的芬芳。每一株植物都有其婀娜姿态，仿佛向我们低声述说着校园的故事。从植物的简介到手绘插画，再到古诗词品读和师生情谊，我们如同漫游在文化花园中，领略南宁三中师生间深厚的情谊和百年名校的韵味。

《学研相济　聚木成林》犹如一片浩渺星空，闪耀着南宁三中科研成果的光辉。基于南宁三中在深化改革和创新发展方面的探索，将历年的杰出科研成果进行了编录，展示学校在教科研领域的深厚功底，为全市乃至全区深入推进教育教学改革、提高学校教学质量提供新启示、新方法。

《美好不止于初见》宛如一座丰碑，细述着南宁三中青山校区、五象校区、初中部青秀校区和初中部五象校区的风采。翻开书页，我们仿佛走进了被红色文化长久滋润的百年名校，移步换景间，得以尽览各校区的师资力量、历史人文、建筑特色、校园环境、生态资源，领略新时代背景下的南宁三中风采。

《四季　三中》如同一壶芬芳的清茶，于平淡之间，我们可以品味出南宁三中后勤服务工作者不凡的辛勤劳动。每一道美食、每一处胜景、每一桩小事都串联起南宁三中对学子们的关爱与体贴，诠释着学校"全境温馨、全员温暖、全校温情"的人文精神。

《爱要大声说出来》灿若一颗流星,闪烁着南宁三中学子思想和道德品质的光芒。书中收录了南宁三中学子在国旗下发表的精彩讲话,涵盖了爱国主义教育、党史学习教育、党团活动宣传、思想政治教育、法治教育和感恩教育等多个方面,用文字的力量让思想的匠心荡涤在心灵的河流,展示南宁三中在"真·爱"教育的引领下,全过程、全方位育人,为党育人、为国育才的成果。

《给母校的情书》好比一曲饱含着墨香韵味的恋歌,收录了南宁三中师生和优秀校友们的回忆文章。师者说,学子吟,从教师们的珍贵回忆,到学子们在求学时期难忘的点滴与毕业后对母校无尽的眷恋。通过一封封充满深情的书信,我们感悟到南宁三中在百年时光中为学子们的成长付出的真挚关怀,让人们见识了这座百年名校多彩且立体的人文风采。

《光阴的故事》好似一幅细腻的水墨画,从多门学科的角度解读二十四节气,揭示其中蕴含的学科知识和中国故事。将中华优秀传统文化带入课堂,将创新教育的理念融入学校,让我们得以领略南宁三中教育的真谛和不断探索创新的精神。

《无界学习》宛然一座学识宝库,收录了南宁三中教师们关于无界学习的论文成果。新时代,知识无界、学习无界,要想在新征程中、新挑战下依然抬头挺胸、昂首阔步,就必须深入研究如何实现学生在学习过程中的全面发展。从纯粹的记忆到对知识的理解、反思、运用、迁移,再到品德、智慧、体魄、艺术和劳动的并举,这本书呈现了南宁三中教育工作者对青少年身心发展规律的深入探索,可为教育工作者提供宝贵经验。

本丛书的撰写与编纂,汇集了南宁三中教师、学生和校友的智慧与经验,他们倾注激情,用心良苦,将自己的思想和经历以生动的笔触呈现给读者。这些书籍既承载了南宁三中百年来的教育理念和办学精神,也彰显了南宁三中学子积极向上、积极进取的精神风貌。

撰书之初,南宁三中初中部江南校区仍处于初期筹备中;成书之时,初中部江南校区也方于2023年9月投入使用,所以未能在本丛书中有所收列。但自筹备之日起,南宁三中这所百年名校的精神和血脉便早已一以贯之,作为一个站在新起点的校区,已然立志于心、成竹于胸,开门即名校,不日将会打造出一张"创新江南"

的崭新名片！

在这个飞速发展的新时代，南宁三中将以"百年名校正青春"丛书的出版为契机，拥抱时代，积极进取，勇于创新，主动求变，始终坚持以"为党育人　为国育才"为根本目标，践行"真·爱"教育思想，以培养"家的支柱，国之栋梁"为育人愿景，深入推进"教研强校　温暖育人"发展战略，让南宁三中在新时代继续引领教育潮流，培养更多有"真·爱"精神的学生，为社会培养更多有责任感、有担当的栋梁之才。

南宁三中，百年名校正青春！让我们共同见证这个伟大的历程，体悟南宁三中的精神风貌，感受岁月留存的智慧印记，为南宁三中的百年辉煌点赞。希望这些书籍的问世，能够启迪更多志同道合之人，引领他们走向未来，书写属于自己的辉煌篇章！

编　者
2023 年 10 月

分序

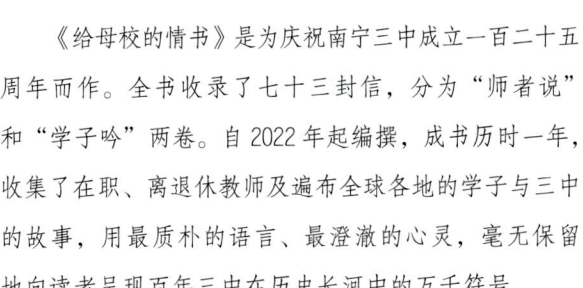

《给母校的情书》是为庆祝南宁三中成立一百二十五周年而作。全书收录了七十三封信,分为"师者说"和"学子吟"两卷。自2022年起编撰,成书历时一年,收集了在职、离退休教师及遍布全球各地的学子与三中的故事,用最质朴的语言、最澄澈的心灵,毫无保留地向读者呈现百年三中在历史长河中的万千符号。

这是一本充满温情与感慨的书。它以一封封真挚的信件为载体,记录了师生对母校的感激之情、对老师的敬仰之心以及对同窗之谊的珍视。这些信件,既有对母校美好时光的回忆,也有对未来的憧憬与期许。它们如同一颗颗璀璨的明珠,串联起了大家共同走过的青春岁月,唤起了大家对如歌岁月的回忆,让大家在忙碌的生活中找回那份纯真的情感。

记忆的归途何其匆匆。故事里,大家把最炙热的情感,留在了这片热土。你们还记得吗?那一场校园篮球比赛,将大家的胜利和喜悦定格;那一次运动会一起奔赴梦想,充满奇思妙想的入场式是大家毕业后依然怀念的美妙际遇;那一道穿过斑驳校道的身影,夏虫在偷偷谈论着路灯下正背着单词发光的你们;那一宿元旦通宵晚会的狂欢,你们满眼的星星比天上的星光还要闪耀;那一首校歌悠悠地响起,不知怎的你们就突然明白了"如沐时雨,如坐春风。"的含义;那一篮耕读园的收获,唤醒了你们与自然对话的一颗诗心;那一晚师生廊灯下的长谈,呼唤了大家内在生命的觉醒……最是细节能动人。那些藏在校园朝夕相处的日子里的细碎而温暖的爱与感动、热烈而激情的碰撞与交融,最终汨汨流淌出最长情、最朴素的告白。

  未来的前路何其漫漫,但人生总是不断向前。告别母校,意味着三中英才要踏上新的征程,去追求更高的目标。度过大学生活,迈向社会,将是你们人生中一个全新的阶段。你们脱离了学校这个母体,意味着直面责任,对自己的未来负责。当带着南宁三中的骨血与基因,三中学子在异乡不期而遇时,也许眼里噙着热泪,嘴里有着说不完道不尽的关于母校的峥嵘岁月。你们也将面临更多的挑战和压力,在人生的下一个旅程不断地努力和拼搏。如今三中以你们为荣:2022年,三中人"请党放心、强国有我"的青春誓言汇入时代强音;三中桃李遍布全国各地,防控疫情、矢志强军、躬耕杏坛……无数三中人在天南海北、在不同领域辛勤耕耘,奋勇拼搏,汇聚成昂扬奋进的"真·爱"洪流。

你们各赴前程成为栋梁之才,母校也昂首阔步迈进新征程。第五个新校区正在如火如荼筹建,高端实验室里闪烁着智慧的光芒,图书馆内的藏书为学子增添了更多的选择,校园校道旁的三角梅依然热烈绽放着它的美丽,耕读园里的向日葵仍昂首挺胸从未停歇追逐太阳,羊驼和松鼠依旧像当年你们看到的那般纯真可爱,天鹅湖里又有新的小生命诞生……校园里欣欣向荣,薪火相传。"教学相长,观摩从同。譬如新篁,箐茂匪穷。……"的校歌精神正由一代又一代的三中人接力传唱!

三中春华秋实一百二十五载,济济人才谱出绚丽华章。

春风化雨，桃李满园，大家相逢于三中，相交于梦想。大家都是追梦人，在追梦与寻找幸福的路上偶然相遇。电影《老师·好》中有一句话："人生就是一次次幸福的相聚，夹杂着一次次感伤的别离，我不是在最好的时光遇见了你们，而是遇见了你们，才有了这段最好的时光。"这次从世界各地"云中寄来的锦书"，让大家乘坐时光机在本书里重逢，共同讲述那一段段弥足珍贵的中学生活，以信为媒再续前缘。希望大家在幸福绵长、情意满满的回忆与故事里，静享与母校相处时光的温暖与爱意。

"纸短情长"一词，意为言尽于此，愿君勿忘。殷殷文字记录了母校一草一木、一砖一瓦、一言一行光阴的故事，记录了赤子对母校过去的回眸与对未来的期许。且让春秋为这份情谊代为作序吧！情之所钟，正在我辈。后之览者，亦将有感于斯文。

是为序。

南宁三中江南校区办公室副主任　杨彬

2023 年 10 月

目录

卷一
师者说

三中情　　*003*

吾心安处即吾乡　　*011*

那些廊灯相伴的人和事　　*016*

心语绵绵　　*021*

恋恋母校　　*025*

致最爱的热土　　*028*

师者成器　　*032*

发现美的眼睛，到处都是风景　　*036*

致2017年开学季与老校歌　**041**

"真·爱"薪火相传　**045**

青春之歌　**049**

陪伴是最长情的告白　**054**

"守道"与"超常"　**062**

致三中五象校区的路灯　**066**

给母校的一封情书　**070**

邂逅三中　**074**

三中情——收获　**077**

我眼中你的样子　**083**

将幸福定格　**087**

致2013年那场校运会入场式　**091**

卷二
学子吟

永远敞开的家门　　**097**

我的梦想从这里启航　　**100**

得遇良师，三生有幸　　**103**

纸短情长　　**107**

求学小事　　**110**

风知道答案　　**113**

滋兰园，我有一点想你　　**117**

给三中的信　　**121**

横幅有梦　　**125**

我亲爱的南宁三中　　**129**

青春不散场　　**133**

一路向南，三五弦音　**137**

可敬可爱的梦想长廊　**142**

花儿与少年　**146**

云中谁寄锦书来　**151**

那段回忆叫"五三"　**155**

写给 2019 年的三中　**159**

真爱三中　**164**

三中与我的友情　**167**

五三回忆记录　**169**

操场的温柔　**171**

告别是为了更好地再会　**174**

奔跑的起点　**178**

亲爱的象牙塔　**182**

南三往事 *186*

我和我的文科 1602 班 *190*

忆往昔，展未来 *195*

有超能力的跑道 *198*

想念南三君 *202*

爱要大声说出来 *207*

何意阆阓间，沛然江海深 *210*

爱的羁绊 *213*

永不消逝的光芒 *217*

给母校的一封信 *222*

亲爱的南三君 *225*

无言的爱 *229*

给母校的情书 *235*

给校园连廊的一封信 *239*

百年风华正青春　**243**

风起时我又想起你们　**247**

我的三中记忆　**251**

见字如面　**254**

太阳，雨，花和你　**258**

真爱之路　**262**

母校是青春最美的句读　**267**

浪漫语文，浪漫人生　**270**

青春正步走，赤子心飞扬　**273**

我永远以三中为荣　**277**

四季如歌，有缘归来　**281**

五三的夜　**285**

我在三中的点滴故事　**290**

星空璀璨，明天更好　**294**

致 4604 宿舍　**298**

卷一 ◎ 师者说

"百年名校正青春"

给母校的情书

三中情

亲爱的南宁三中：

  转眼你便迎来了自己的 125 岁生日，在这样特殊的节点，我那与你并肩奋斗、为教育事业燃烧青春的激情岁月回忆又都涌了上来。

  1960 年 7 月，我大学毕业了。在那个金秋送爽的季节，我从山清水秀的桂林来到首府南宁。我被分配在南宁市第三中学教语文。

  南宁三中是自治区的重点中学，位于南宁市的东郊，历史悠久，校园广阔，占地面积约 18 万平方米。这里芳草萋萋，绿树成荫，鲜花盛开，尤其是校园里那十几棵高大的凤凰树,红花绿叶,十分醒目。走进南宁三中校门那一瞬间,我立刻被校园美丽的景色吸引,由此我与南宁三中结下了一生的不解之缘。我在这里教书育人、授业解惑,我在这里成家立业、生儿育女,我更在这里退休养老。

在南宁三中,我有过平淡,有过成绩,也有过挫折,但无论是顺境还是逆境,我始终热爱这所学校,因为它给了我无限的深情,而我也对它也倾注了真情,为它奉献了毕生的精力。

我热爱班主任工作,我教了 30 多年书,也当了 30 多年班主任。初登杏坛,青春年少的我融入了学生之中,学生视我为大姐姐;步入中年后,学生说我既是老师又是妈妈,高 83 级(2)班有的同学叫我"老师妈妈"。

我很欣赏闻一多先生的诗歌《红烛》。

"红烛啊,流罢!你怎能不流呢?请将你的脂膏,不息地流向人间,培出慰藉的花儿,结成快乐的果子!"

闻一多是一位诗人,是一位战士,更是一位深受学生爱戴的老师。

我以闻一多为楷模,写过一篇文章《我愿做一支燃烧的蜡烛》,曾经用此文在南宁和柳州等地的一些县演讲过。

三中是我家

1961 年,我结婚了。

朴素而热闹的婚礼令我感动极了。我的新郎肖庆林是自治区人民医院的医生，后调去自治区妇幼保健院。我的婚礼主婚人、证婚人是当时南宁三中的陈传家书记和李厚德校长，具体操办婚礼的则是南宁三中工会主席王毓耀以及其他工会干部。参加婚礼的亲友则是全体教职员工和他们带来的子女，以及我班上的学生。特别值得一提的是华侨班的学生，他们远离父母（他们的父母在印度尼西亚），把南宁三中当成了他们的新家，把我的婚礼也当成了他们自己亲人的大事来筹办。

女华侨学生帮我布置的新房虽简单朴素，却喜气洋洋。我所担任班主任的高65班学生送了我一本大相册和一尊石膏像。石膏像是一位年轻的女教师，手举一束鲜花，在向学生们招手致意。这表达了他们对老师的热爱。我将石膏像摆在新房里醒目的位置。

结婚那天，作为新娘的我穿了深红色的呢子连衣裙——它是我的大姐在国外买的。其实，这条美丽的连衣裙成了三位南宁三中女教师的婚服：第一位是郑月英老师，第二位是吴艺玲老师，我是第三位。

在那个物资匮乏的年代，厨房师傅用甘蔗煮的糖水代替喜酒，用学校农场自产的南瓜、玉米、木薯粉做成粑粑，大家一起享用。我自己花了20元买了糖果，请参加婚礼的嘉宾吃。80岁高龄的体育老师杭老先生送给我一个他自己种的大木瓜。他风趣地对我说:"木瓜的籽很多,希望你多子多孙多福。"

婚礼上,应大伙的要求,我唱了一首罗马尼亚歌曲《照镜子》:

> 妈妈,她到林里去了,我在家里闷得发慌,
> 墙上镜子请你下来,仔细照照我的模样。
> 让我来把我的房门轻轻关上。
> 镜子里面有个姑娘,她那双眼睛又明又亮,
> 镜子里面不是我吗?
> 脸儿长得多漂亮,耳边戴着一朵鲜花,美丽芬芳。
> 看我长得多么漂亮,谁能说,我不漂亮啊?
> 妈妈给我做了一件多合身的绣花衣裳,
> 妈妈有了我这女儿,多么欢畅,多么欢畅。

我唱这首歌,得到雷鸣般的掌声。这首歌富有浪漫色彩,余音隽永,把一位青春少女爱美、纯洁、坦诚的心表达得淋漓尽致。婚礼上,男华侨学生摆弄乐器,拉手风琴、弹吉他,其他人跟着音乐的节拍一起欢唱。大家玩得乐,吃得香,彼此心灵相通,享受美好的三中师生情。一个普通年轻教师的

婚礼变成了南宁三中学生和教职工的节日。

家庭有爱,学校有情,这就是我们的南宁三中。

教书育人终不悔

我崇尚陶行知的教育思想:以德育为先、以人格至上、以人文精神为支撑的爱与和谐的教育。

在南宁三中,我先后担任过高65班、高72班、初78级(2)班、高83级(2)班、高86级(2)班、高89级(3)班,以及高92级(2)班、高92级(3)班的班主任,还当过一个被老师们认为由二十多个"调皮捣蛋鬼"组成的小班级的班主任。

1981年2月,全国开展"五讲四美"活动。"五讲四美"要求用教育点燃青年心灵之火。要让心上绽放春花,需先让鲜花、芳草铺满天涯。我认为美化环境可以更好地塑造孩子们的美的心灵。

那时不仅有开学前的全校师生除草劳动,还有每个班劳动值周活动。整个校园被师生们打扫得干干净净,每个班教室前面都有学生们自己栽种护理的鲜花。

南宁三中不仅重视环境美,也特别重视理想教育,各个班都积极开展不同形式的理想教育活动。

以高83级(2)班为例。

1986年4月3日下午,高83级(2)班举行了班会,主题为"我们是2000年的主力军"。为准备这次主题班会,作为班主任的我进行了精心的研究和周密的布置。我利用作文课要求同学们以"我在2000年元旦"为主题写一篇想象性的文章,遐想自己14年后回母校,向母校、向老师们、向同学们汇报自己在2000年时所从事的工作和取得的成绩。为此,同学们通过阅读大量的科技文献资料,根据自己的兴趣、理想,展开了想象的翅膀,通过预计2000年科技文化的水平,写下了有理想、有科学性的作文。在主题班会上,同学们根据自己的理想,分别化装扮演2000年时的中国建筑师、总工程师、农艺师、主任医师、教师、南宁三中校长、环保卫士……主题班会气氛热烈、轻松欢快,令人振奋,令人遐想……

有理想、有目标、有追求、有动力,同学们勤奋学习,努力拼搏。1986年高考,高83级(2)班的学生取得了优异的成绩,多人考上清华大学、北京大学、南京大学、厦门大学等高等学府,得到当年南宁市教育界人士的热烈称赞。更让人欣慰的是,那批金榜题名的学生有不少现在已经成为各行各业的领军人物,为国家、为人民做出了很大的贡献。

他们做到了当时南宁三中校长洪中信所叮嘱的"心随朗日高,志与秋霜洁"。

爱满心田

富有爱心、互相关心和帮助、做事不求回报,这是一种无私奉献的高尚精神。

高86级(2)班就演绎了这样的爱满心田的故事。

李海明同学的妈妈是广西大学附属中学的一位老师。海明读初三时,其爸爸便病逝了。海明妈妈一个人带着一双儿女,生活十分艰难。当海明在南宁三中读高三时,海明妈妈重病住院。

我首先到医院了解病情,得知海明妈妈是癌症晚期,我的心情也非常沉重。回到学校,我把情况向洪中信校长汇报,洪校长一方面和我们老师商量想办法帮助海明,一方面鼓励我振作起来,大家一起努力共渡时艰。

我回到学校,并没有直接把实情告诉海明,只找了几位班干部向他们透露了一点信息,让他们多关心海明。

平时,我自己多跑几趟医院,送去骨头汤、保健食品等,陪伴海明妈妈聊天,宽慰她。当时高考在即,同学们的学习任务非常繁重,可是大家都非常关心海明,并尽自己的最大能力帮助他。高考那几天,我特意让海明来我家吃饭,让他感受到来自老师的爱。

海明以坚强的意志克服重重困难,以优异的成绩考上了重点大学——海军工程学院（今海军工程大学）。

海明出发去大学时，高86级（2）班还没有离开南宁去新学校的同学都到南宁火车站给他送行。

高考后一个多月，海明妈妈就走了。我和海明，还有在南宁读大学的高86级（2）班的同学都去殡仪馆与海明妈妈告别。海明远在他乡求学，放心不下留邕的妹妹李晓来。在南宁的女同学轮流去海明家，携手陪伴李晓来。春节到了，同学们将海明的家布置一新，让家有温馨的气氛，以便海明回来能感到些温暖。高86级（2）班的同学们团结友爱，互相帮助，谱写了一首大爱之歌。

海明后来成为南海舰队的一位副师长。他与我的联系一直没有间断。每次他回南宁，肯定会回母校来看望老师。

回望自己在南宁三中几十年的教书生涯，看到学生们的成长，看到他们为祖国、为社会做出的贡献，作为一名教师，我感到非常的幸福。

深情祝福南宁三中：青山常绿，飞燕翱翔；前程似锦，再创辉煌。

郭先安

吾心安处即吾乡

我深爱着的南宁三中：

网上有段子调侃说：你最想找到什么样的工作？一个点赞无数的回复是：钱多、事少、离家近。相信我们也只是把它当作一个调侃，过过嘴瘾，谁也不会当真。但不可否认，在快节奏、压力大的职场上，在堵车又堵心的通勤路上，"离家近"是职场人多么真切又迫切的心理需求啊。

20世纪90年代初我从北国来到了南国，先后在青山路5号的四套房子里，度过了一点也不短的三十年时光，尽情享受着"离家近"带给我的幸福感，充分感受着"安居方能乐业"的获得感，也深刻领悟着"吾心安处即吾乡"的安全感。

1993年夏天，青山路5号，你用热情迎接了我，用你的胸怀接纳了我。四号楼六楼一套三房两厅的"家"，五个刚走出大学校门、素不相识的年轻人，就此成了舍友、成了同事。

认识和了解一个地方最好、最快的方式，就是融入当地人的生活。很大程度上，我对广西壮族自治区、对我们生活的这个城市的认识和理解，是通过在广西读大学、家就在南宁市的四位同事兼舍友开始的。洗漱时北方人用盆，南方人用桶；北方人吃的咸豆腐脑，南方人吃的甜豆腐花；北方人说"我先走"，南方人说"我走先"；北方人打"升级"，南方人打"拖拉机"……在那个资讯还不发达、南北交流交往还不够紧密的年代，她们帮助我迅速适应并融入到这个我完全陌生的环境中，也让我在一定程度上克服了初入职的"恐慌感"。在她们的陪伴下，我也缓解了思乡之苦。我们一起上班、下班、去食堂，一起备课、改作业，一起边期盼、边焦虑，一起被学生气得流眼泪，也因被他们喜欢后狂笑不已……如今，当年的"五朵金花"，只有两朵还坚守在青山路5号。但那段难忘的岁月，在我们入职二十五周年聚会的时候，还是带给了我们无比多的感触和感慨。

一年后，我们零零散散地被"分配"到二栋各个楼层的小"直套"中。比起三栋宽敞明亮的大房间，二栋这个年代更久远的小楼随时随处可见"四害"。最可怕的是晚上上厕所要到屋子外。那时青山路5号流传着经过渲染的各种"惊悚"故事，对胆小的我来说，那简直是要了我的命！相当长的一段日子里，晚饭后我尽量不喝水，为的就是避免晚上起夜。当然，由于这栋小楼的不少老住户已经成家，饭点时走廊外的小厨房内飘出各家各户的饭菜香，让我们在闻到烟火味时，也时常享受着被喊"过来吃两口"的幸福。当时和我同住、比我分配到校晚一年的舍友老师，在这栋小楼开始了幸福的恋爱生活，不到一年，她便跟随恋人去了顺德市。而我们也接到通知，准备再一次搬家。尽管一年多时间搬了两次家，但我们内心从未感到惊慌或者焦虑。因为我们知道，背靠大树好乘凉，南宁三中就是我们的家长，它不会抛弃我们、不会不管我们。

我结婚了！当时教职工结婚了就可以申请一套房。于是，在我毕业后的第三年，学校便分配给我一套两居室。尽管分配到的学校公房依然是"老破小"，但我终于在这个陌生的城市有了自己的安乐窝，有了更强的归属感。四十几平方米的房子，被我和丈夫用最大的热情和智慧修葺一新。四年多时光中，我们用心经营着我们的小家庭，我更安心地从事着教育教学工作。这个小窝,见证着一个小家庭的建立,见证着一个小生命的诞生,也见证着一个青年教师的成长与成熟。

当学校家属区矗立起了两栋新宿舍楼,当老教师搬进了新楼,我们这些年轻教师也有了二次分房的机会。在千禧年到来之际,我分到了一套七十多平方米的房子,至今我已在这套房子里不可思议地生活了二十二个年头!看着窗外的树从最初不到三楼高长到如今超过六楼,看着搬进"新居"后牙牙学语的小姑娘如今已走上工作岗位,我们也不得不时常感慨:时间都去哪儿了?看着旧房子的外墙不断斑驳,看着信息时代到来后不断增多的密密麻麻的条条网线,我们会抱怨漏雨的屋顶,也会抱怨硬件设施的不足和室内外环境的不如意。这些年,虽说早已在校外买好了新房,但工作日基本还是坚守在这套老房子里。每天伴随着早操音乐声下楼,听着学校上下课铃声估摸着时间,站在窗前看着球场上青春飞扬的学生穿过一道铁门钻进学校食堂。每天与学生同频共振,也时刻感受着"得天下英才而教育之"的职业幸福。

三十年,四套房子,一段悠长而浪漫的时光。一套套老房子,有成长、有故事、有记忆。我们听说家属区有可能进行旧房改造的消息后,有欣喜、有盼望、有憧憬,但不可否认,也有留恋、有不舍、有感伤。人生能有几个三十年,如今,在我心里,故乡早已成了异乡,异乡已成了家乡。我是一个恋旧的人,也是一个从一而终的人,我把人生的一大半时光都给了青山路5号。它融入我的血脉,给了我幸福,给了我成长,我也见证着它不断发展、不断壮大。在我心底,它一直就是我的家,是我的精神庇护所。时常听到我的学生说:"今天我以三中为荣,明天三中以我为荣。"其实,心底有个声音一直告诉我:"南宁三中,我们一直互相成就,一直互相为荣。"

吾心安处是吾乡,只生欢喜不生愁。南宁三中,一百二十五周年生日快乐!

张小华

那些廊灯相伴的人和事

我的南宁三中：

您好！

1999年，30岁的我与您相遇，转眼已经过了23个年头。当年引荐我从其他中学来到您这所百年老校的师傅李强运老师已经退休多年，而我也从小徒弟变成了别人的师傅，没几年也将退出这方小小的讲台。人事流转，流走的不只是光阴，还有光阴里的点点滴滴。但是总有一些东西，顽强地占据着记忆的舞台，在时光中磨圆了棱角，磨出了淡光，凝成了印迹，成了今天我写给您的这封信。

现在，您已经是拥有4个公办校区的

教育集团，新建的校区校园更美、设施更新，而我啊，却独钟爱青山脚下、南湖之畔的这个老校区，爱这里的绿树葱茏，爱这里的鸟鸣啾啾，爱这里开得放肆的杜鹃花，爱这里年年如约而至的玉兰香，还有那些不会被时光冲走的人和事。

您的青山校区的教学楼不高，只有4层，在这个市区的黄金位置，奢侈地两列排开。在校园大变模样的今天，只有这按照20世纪木质教学楼的形制、在原址上建造的5栋教学楼，依稀可见当年模样。每到夜晚，教室外面的走廊就成了第二课堂，教师研讨、师生谈心、教学答疑，廊灯下演绎着一个个平淡而动人的故事。

回想起最初与您一同并肩为教育事业奋斗，仍能真切感到那时的压力。当时我虽然已有8年工作经验，所教的课程曾被评为市级、自治区级优质课，但新学校的学生水平不同，对教师的要求也就不同，自己能否胜任新岗位还是有待检验的。那时，李强运老师的班就在我自己的班隔壁，每到周一、周三下晚自习，只要有学生不问问题的空隙，就是我向李老师求教的黄金时间。昏暗的廊灯下，李老师告诉我，作文没什么窍门，就是教会学生好好说话，把话说顺当、说清楚，作文也就成了。李老师提醒我，语文课永远不要追求那些花里胡哨的东西，教会学生咬文嚼字，嚼出语文的味道，阅读课也就成了……我像一个新手，重新归零，跟着组里的老教头，在讲台上慢慢摸索，在模仿学习的过程中找到属于自己的声音。可以说，是您这所百年老校，用包容和耐心，容我慢慢纠偏、静静成长。为此，我感念一生。

让我感觉最辛苦的不是课堂授课，而是晚自习时在教室外、廊灯下的辅导。尤其是每次月考过后，即便已经在课堂上讲评了试卷，还是有不少学生希望得到老师的面批，希望获得对自己存在问题的进一步确认和今后改进学习方法的针对性建议。每次申请面批的同学都有半个班左右，而有的学生在咨询考试存在问题的同时也咨询此类问题的解决之道，有的学生在找老师面批时也顺便倾诉自己难解的心事……面批一个学生的试卷一般需要20分钟，有时甚至需要一个小时。在高三，面批从晚上7点延续到11点教室熄灯都是常有的事。晚自习结束回到家，我常常觉得精力耗尽，话都不愿意说了……辛苦，是我初入三中最深切的一种体会，廊灯下的面批辅导尤其如此。许多同事都说，在三中教书，首先是一种体力劳动，其次才是脑力劳动。但也正是这廊灯下的辅导，让我和许多学生成了朋友、成了忘年交。这份情谊，不因学生毕业离校而消散，也不会随师生身份地位的变化而变质，在为国育才的大义之外，廊灯下谈心后学生释然的笑颜，是这份工作最大的意义。

也是在廊灯下的漫谈中，我看见了自己教学的短板，了解了学生成绩背后民族地区区域文化的影响,知道了自己尚有可为的方向,也坚定了十几年的教研之路。从2008年的《关键词聚焦读写策略》,到2013年的《读写互促实践》,再到2019年的《项目式学习探索》,每一次课题申报的背后,都有廊灯下师生交谈带来的触动;每一个课题的结题,都有廊灯下师生碰撞产生的灵感火花。可以说,是这所百年老校无形的推动,是这些廊灯下学生期盼的眼神,成就了今天讲台上从容自如的我。2008年,我接手了2008级15班、16班两个班的语文教学任务。为了给学生夯实语文基础,学校要求我每周给这两个班开一小时课外讲座。这一个小时,不需讲考试,不必究分数,直奔着素养去努力。那真是辛苦又难忘的两年,每个月我都要想下个月讲什么专题,在难下决断的时候,我的语文课代表给我出主意:把难题交给大家。于是,那两年,2008级15班、16班晚自习时,廊灯下常常会出现这一幕场景:抽签。师生拟出想讲、能讲的专题内容,由轮值课代表抽出下个月的主题,有时学生们还能出谋划策,推荐阅读书目,提供各种支援。那走廊昏黄的灯光,见证了我们不断努力的汗水,分享了许多有所得时的快乐,是廊灯下学生的一次次苦恼的倾诉,让我明白了讲台不是我个人秀的舞台,而是带着学生往前走的引导台。对于1999级11班的孩子而言,我是班级军训总指挥的"梁总";对2008级15

班、16班的孩子而言,我是"跟着惠红一定会红红火火"的"惠红";而在2019级2班孩子的口中,我是学完《齐桓晋文之事》后的"惠王"……这些极具识别性的称谓,串联起我与一届届学生廊灯下交流的过往,沉淀成心底不会被时光冲走的记忆。

年轻时读《愚公移山》,总以为奋斗坚持是故事唯一的寓意,后来,读到晋代张湛的注,才明白《列子·汤问》把《愚公移山》与《夸父逐日》并列,是在提醒人们应以愚公不计得失、不恃能以为胜为榜样,"忘怀以造事,无心而为功",才是体道悟道的正途。31年的教书生涯,我也曾为学生的分数得失耿耿于怀,但是,那些廊灯下的交流堆叠成的日子,慢慢澄清了一些东西。12张毕业照,实实在在地证明着我的31年的教书生涯不是虚空,实实在在地告诉我这一路无需后悔。

祝贺我的南宁三中125岁生日!

梁惠红

心语绵绵

亲爱的南三君：

你好！光阴荏苒，时光匆匆，一晃眼你就要迎来125周岁了，首先要祝你125岁生日快乐！度过了125年沧桑岁月的你，想来一定有许许多多刻骨铭心的回忆。我很幸运地在你温暖的怀抱中度过了我的少年、青年以及中年时光，回想这一路，真的有说不完的绵绵情话。

我想对你说，我爱你的校园，那里的每一棵树似乎都有故事。学校大门旁那几棵繁茂的菩提树，是十几年前我作为教师带着毕业班的学生亲手种下的。转眼间小树变成大树，宽大的树叶下一片绿荫，就像是轻轻张开庇佑着南三学子的大手。运动场边那棵歪脖子树陪我经历了6年求学岁月,它是我最爱的一棵树。在清晨和黄昏你经常可以看到在树杈上躺着背书、读书的我,当风儿穿过树叶吹拂在我的脸上时,我的思绪飞得又高又远。还有学校大门两旁的那两棵卫士一般的大榕树,逸夫体育馆前的"网红"小叶榄仁树,办公楼旁开满簇簇花朵的南国无忧树,旧实验楼前高耸入云的木棉树,夏秋两季挂满果实的杧果树、扁桃树、龙眼树、枇杷树、杨桃树,还有那些已经离我们远去的凤凰树、板栗树、三华李树……

  我还想对你说,我爱你那些爱校如家、爱生如子的老师们。我不知道我上辈子积了什么德,能够在这辈子和一群有着高洁心灵和行为的老师们遇见,他们深深刻在了我的脑海里。在回忆中,似乎看见我的初中语文老师兰天红正在黑板上奋笔疾书,列了满满一板希望我们阅读的名著。正是因为他的引导,我的阅读水平达到很高的境界。当时年轻帅气的数学老师卢佐康会用幽默的方式帮助我们记知识点。瘦弱但是睿智博学的英语老师杨利利,一直都用他自己的方式鼓励我,使我高考英语科目取得了极好的成绩。带着口音但是讲课旁征博引的政治老师黄高峰,让枯燥的课堂充满了趣味,让我的眼光不愿离开他。身材不高大但是能量巨大的物理老师劳永能是我的高中班主任,尽管我的物理一直学得不太好,但劳老师一直是我的偶像，我难以想象一个人的脑海里能装进那么多的知识。教了我4年化学的刘定华老师在我眼中更是了不得的人物，从他身上我学到了实事求是的科学态度和热爱生活的人生态度。数学老师阳明熙，我一直记得他热泪盈眶唱着《没有共产党就没有新中国》的样子。海外归来的英语老师许井和在讲课时，任何一件手边的物品都可成为他的道具。音乐老师鲍洁带着班上的男生跺脚打节拍，似乎要把音乐教室的地板跺裂。已经记不起名字的地理老师带着我们在运动场观测哈雷彗星。在高中就开办诗歌选修课的帅哥老师让我们第一次知道了朦胧诗……太多太多恩师，写不完、道不尽！

　　我还要对你说，我爱你怀抱中那些莘莘学子。长大后，我也成了一名教师，继续在你的怀抱里耕耘。校园中我和我的学生们一起欢笑，运动场上我们一起挥汗如雨，明亮的教室里我们一起学习、一起探讨，时不时地争论让我们一起进步。寒来暑往，我迎来一批又一批学生，也送走一批又一批学生，现在的我也和我的恩师们一样桃李满天下。学生们的足迹遍布全世界，身影活跃在各行各业，他们已经成为我的骄傲。每每谈起他们，我都兴奋无比，感慨良多。满头乌发渐渐染上白霜，我仍然站在讲台上面对更年轻的一代。我希望我能和我的恩师们一样，做年轻人的人生当中遇到的好老师。师者,要做一盏明灯,照亮学生们前进的道路,点亮心灵之光。

南三君,纸短情长,我对你的爱三天三夜都说不完。人们都说,人的一生中相遇最美,那是最珍贵的一份情缘。我们的缘分从我 12 岁开始,延续到了现在。你给了我太多,而我能给你的太少,只期盼我能在你的生命长河中,留下淡淡的一笔。

覃朝晖

恋恋母校

亲爱的三中:

　　2022年是我同你共事的第四年了,我最美好的工作时光都是与你度过的。你带给了我太多的激情与欢乐。每当提起我的学校,我的心里就升腾起一股柔情,同时也涌动着一腔豪情,我的情和爱早已深深地扎根于你这片育人的沃土之中。

　　我爱你美丽幽雅的环境。一进校门,首先映入眼帘的是一片绿色。每当夏天来临的时候,树木浓密的叶子犹如巨大的伞盖为师生遮阳挡雨;到了冬天,那茁壮的虬枝则像条条巨龙引领着同学们向知识的天空遨游。再看行政楼前的主干道上,一棵棵扁桃树恰似风华正茂的同学们，理想远大，直插云霄。教学区，房屋红瓦白墙，整齐美观。好一派迷人景象，师生们在这优美的环境里工作学习，真是幸福极了。这么好的校园怎能让我不爱！

作为一名教师，我也非常热爱你的可爱的学生们。我爱他们早读时的书声琅琅，抑扬顿挫，激情四溢，充分显示出对学习的热爱和对美好未来的追求；我爱他们课堂上渴求知识的眼睛和埋头学习的身影；我爱他们课间银铃般的笑声和彼此间亲密的友情；我爱他们在运动场上矫健的步伐和飒爽的英姿；我也爱他们学业上的成功和为学校争得的荣誉。这一切的一切，都充分展示了我校的学生是优秀的，是值得学校与老师信赖和骄傲的。每当看到他们，我就感觉到无比的快乐与幸福。这么好的学生怎能让我不热爱！

我更爱你团结和谐的工作环境、积极奋进的教职工。广大教师为人师表，教书育人。他们淡泊明志，甘为人梯，严谨治学,无私奉献,像蜡烛一样燃烧了自己,照亮了学生,默默地从事着太阳底下最光辉的事业。在工作上,他们是我的师傅;在生活上,他们是我的益友。从一个刚参加工作的青年到现在有着三年多教龄的教师,我的成长离不开同事的呵护与帮助,他们把自己多年的经验体会毫无保留地传授给我。在我们学校,同事之间互帮互助、共同发展早已成为优良的传统。"青蓝工程"这个主旋律一直在演绎,这也正是我们学校年年取得辉煌成果的主要原因,我深深地热爱着我的同事们。

三中,我爱你!我爱你的一草一木,我爱你的和谐发展、奋发有为。年年岁岁春光好,照中春色胜往年。我衷心祝愿我热爱的你明天更加灿烂辉煌!

庞展斌

致最爱的热土

亲爱的南三君：

2011年,我第一次走进三中校园,从没想过自己会成为一位语文老师。2014年,我从三中毕业,当时也没有想过日后会回到三中成为一位语文老师。然而,经年之后再次回首,才发现一切有迹可循。

每一位来到三中的学子,或许都有一个竞赛梦,我也不例外。从数学、物理到生物、化学,每一门课我都全情投入学习,但最终我还是被理科打败了。回想在三中学习那三年,我唯一坚持下来的就是与文字打交道。

才进入三中,就迎来了盛大的"百团

大战"——各大社团使出浑身解数,招揽兵马。学校团委、学生会、化晶社、轮滑社、街舞社、摄影协会、"放卫星"社,还有许多名字奇奇怪怪、活动可可爱爱的社团,让人眼花缭乱、难以抉择。我选了学校团委下设的文秘部。已经很难去还原当时选择的心情,只记得自己过了几轮面试的兴奋和喜悦;为金莺辩论赛、MVJ主持人大赛写宣传稿件的艰难,以及当自己写下的文字最终变成声音在全校播放时的激动和羞涩的心情……

现在回看这些文字,只觉得稚嫩、青涩。我真正开始欣赏文字、走进文学,是从三中的图书馆开始的。三中的图书馆是我见过最伟大的建筑,它的伟大不仅在于馆体面积庞大、藏书丰富,更在于其包容与开放的态度。图书馆永远安安静静地坐落在校园的中心,等待你的到来。无论什么时候去,你都能找到自己的一席之地。寒来暑往,图书馆西侧的桃花绽放又凋谢,那三个春秋,是我读书最多的时期:小说、古诗词、现代诗歌、散文,古今中外各类文学题材都有所涉猎。说来你也许不敢相信,我虽爱看情感类网络小说,但是影响自己最深的还是《平凡的世界》。当时的我,也如少平、少安一样正在经历着贫困的磨砺,他们面对任何困境时的顽强、坚韧、执着,深深地打动我,让我受益一生。

在读书笔记当中,我写下自己阅读的感受:"生活不会永远依着我们的想法发展,有因就有果。即使遇到再困难的事情,我们也要坚定、富有热情,顽强地做我们该做的事情,希望就在转角。"惠红老师也写下她阅读的经历和感受:"这本书反复读了几遍,想借此找自己未来的路,最终发现,书中没有路,路在自己脚下。这才是书想告诉我们的。生活没有那么多精彩的传奇,平凡就是世界最真实的原貌,享受平凡还是突破平凡,就凭个人的修行造化了。"惠红老师总是这样,把我们稚嫩的阅读笔记当作很重要的信件认真地阅读,并留下一长段文字。我想,在老师眼里,这不是一份作业,而是心与心交流的平台,我们可以在这方小小天地中肆意写下任何青春的话语。而惠红老师,总是以她温柔而坚定的力量,为我们拨开迷雾、指引航向。

我爱在三中遇到的朋友们,我爱在三中遇见的老师们,我爱在三中成长的自己。在三中成长的我,深深感受到这是一片沃土,它永远以最博大的胸襟包容我,以最宽广的爱滋润我。

"今天我以三中为荣,明天三中以我为荣。"犹记得成人礼上,韦校长告诫我们,不仅要想着社会给了我们什么,也要想着我能为社会带来什么。从离开三中起,"追求卓越,成为家的支柱、国之栋梁"指引着我们未来成长的道路。我成为一位语文老师,不是意料之外,而是情理之中。也许这正印证了我刚来三中时,为元旦通宵"千分之一缘"活动写下的句子:"于千万人中遇见你所遇见的,于千万年之中,时间无涯的荒野里,我们没有早一步,也没有晚一步,时间正好,就在这一分这一秒,我们浪漫地相遇了。"

2018年9月,当我作为新教师第一次参加教师节颁奖典礼,看到台上那一张张熟悉而渐染上岁月痕迹的面孔,心里百感交集。2019年10月,当我作为演职人员和新班主任参加初中部五象校区第一届班主任节时,内心澎湃万分。2021年9月,我的第四个教师节,我获得了我心目中最重要的荣誉——"南宁三中我最喜爱的班主任"。

由衷的喜悦,为所有耕耘的日日夜夜;由衷的幸福,为一切付出收获的回报;由衷的幸运,与如此优秀的师长同行;由衷的感激,为这片最爱的热土。

梁艳婷

师者成器

亲爱的三中：

斗转星移，今年是我加入我们三中大家庭的第十四个年头。有诗云："好雨知时节，当春乃发生。随风潜入夜，润物细无声。"滋长万物生机的春雨，是这样的美好、慈悲又谦虚低调。于我而言，您的"真·爱"也是如此。

犹记入职南宁三美学校，我的心情忐忑又充满期待。可与青春期叛逆少年碰撞时，现实给予我生动的一课：我的教育智慧还太浅薄。初入杏坛的澎湃激情迅速消退，一如教学楼下随着短暂秋天而逝去的桂花香。第二年，我向学校申请只做课任老师，希望能专注于提升自己的语文教学水平，同时也从旁观察学习前辈们是如何开展班主任工作的。我的申请很快就通过了。这让我惊叹于学校领导和前辈们对我的包容和关爱。

　　三年时间转瞬即逝，又迎来一届新生时，我主动申请做了班主任。比起三年前，我更从容、成熟、张弛有度，虽然偶有磕磕绊绊，但是已然领会教育中"真·爱"的底色。2015年秋天，我接到任务，要代表学校参加南宁市班主任技能大赛。时间紧、任务重，尤为头疼的是制作班级文化视频，因为平时留存的图片和文字材料较多，需要整合编排、剪辑制作。这时学校安排带班老师暂代班主任工作，全力支持我备赛。班里有位女孩自告奋勇，主动提出协助我做视频。语文组的同事们听我演讲教育故事，为我把关演讲内容。

　　如今回望：因为与优秀者为伍，我不敢逃避懈怠，得以成长成熟；因为有"真·爱"相伴，我不惧反躬自省，学会守护初心。而我又将"真·爱"实践在教育的每一个细节里，并在孩子们毕业之后，还一直幸福地收获着爱的回音。

　　之后不久，根据学校工作安排，我到青山校区任教。那两年我的语文教学素养快速提升，这全得益于青山校区语文组的同事们。我乐此不疲地听课、记录、思考、学习。幸运的我通过校区选拔，获得参加南宁市语文优质课比赛的机会。

一个月之内我要准备古诗文阅读、现代文阅读、作文指导三个不同类型的课以备战决赛。梁惠红老师和阎增老师的信任、鼓励以及耐心指导，支撑着我精益求精。每一次试讲后，我便将她们详细的评课内容录下来，再把录音打成文字，一边敲击键盘一边思考。每一次，我都为梁、阎两位老师深厚的人文素养、独到的文本解读、高超的教学能力所折服，也更为她们全然无私、恬淡守真的君子人格所折服。

进入青山校区后，我爱它多姿的美：朝有流云，暮见彩霞；斜风细雨，花草掩映……这所建在半山坡的学校里，每一天，美都在无声地流淌着，天地大美中又充盈着最广博的爱。而我，也仿佛爬到职业发展的半山坡上，遇到了新的挑战：我要从只关注自己的发展，转变到思考青山校区语文队伍的发展。教研组承办自治区级、市级教研，共同研讨精进，青山校区语文组的小伙伴们饱含着青春活力和创造力。教学相长，观摩从同，在集体教研的托举中，每一个走出去比赛讲课的青年教师都获得了一等奖的佳绩……一点一滴，都是集体之功，更浸润着三中传承的"真·爱"：爱学生，爱同事，爱教育，爱生活！

往事历历在目，一路"真·爱"常伴，初心始终。孔子曾经说过："君子不器。"他希望君子能成为有志于弘道的人。孔子又褒扬子贡是像"瑚琏"一样的重器，学问渊博，独当一面。遥想几千年前杏坛之上弦歌鼓瑟的孔子，高山仰止，景行行止，我无法企及圣人之境，但我愿尽平生之力，以践行"真·爱"之心，成涵养智慧、授业解惑、培育人才之"器"。

永爱三中！愿您永远年轻！

申　颖

发现美的眼睛，到处都是风景

亲爱的三中：

您好！

今年教师节，似乎不像往年一样热闹，步入三中已是第三个年头，我逐渐适应了教师的身份。我依照惯例把学生给我的贺卡整齐地叠放在抽屉里。突然，一张皱巴巴的纸再次引起我的注意，跟其他写满祝福的贺卡不一样，它并不受欢迎，至少对于我而言，它是我第一个教师节的"不速之客"。

2020年9月10日，我刚刚站在讲台上，还不习惯以"老师"自称，课堂上学生的小骚动让我有点不知所措。一节比较混乱的语文课终于结束了，我在讲台上尽量挺直腰板，扯着嗓子大喊"下课"，快速收拾东西准备离开去另外一个班候课。

意料之外的事情发生了，有几个热情的学生围住我，他们咧着嘴递给我贺卡，小声地喃道："教师节快乐！"其他几个比较捣蛋的男生也大摇大摆地往讲台上走，要递给我他们精心挑选的礼物。这时一个高个头女生走过来，递给我一张对折了几次的纸条，她说是小T同学给我的，我笑着感谢她，并准备打开纸条，但我的时间确实不多了，预备铃已经响起，我只能拿着学生送的小礼物和贺卡，扬着头，神情骄傲地走进了隔壁教室。那一节课我的心情无比欢快。下课后，我带着学生送的贺卡和礼物，忍不住踮起脚尖，加快速度回到办公室。

我瘫坐在办公椅上，骄傲地一张张看学生送的贺卡：有的学生的字还很稚嫩，错别字也不少；有的学生自己制作了贺卡，在旁边画上了一些小花。我真的太幸福了，我决定要好好保存他们的心意，等到他们毕业了再拿出来看。等到退休的时候，我一定会收到很多这样可爱的贺卡吧。我一边这样畅想着，一边拿起在一堆贺卡里尤其显眼的纸条。我按照它叠的纹路展开，上面写着："作为新老师，你要多向老教师学习，我的小学语文老师每节课都会让我们去做课后的思考探究题……"她似乎不甘心只是拿我跟她的小学老师作对比，还列举了我在课上关于《雨的四季》这篇课文没有讲的知识点。纸条的最后她写了一行字，但是用涂改液涂掉了。

那一瞬间，我的难过情绪涌上来，即使在9月的南宁，我也并不觉得温暖。我觉得很羞愧，迅速把纸条塞进抽屉里。在一份质疑面前，其他的热爱和夸赞都不足以让我快乐起来。我一时间不知道该如何处理这件事情，只能藏起我的尴尬，低着头改作业。

从那以后，我不敢面对她，课堂上只是尽量地不去关注她。她在课堂上举手请求回答问题的时候，我也不自觉地忽略她。我以为慢慢地她会认识到自己的言论有多么唐突。我还是每日备课、改作业，渐渐地我几乎忘记了这件事。直到小T缺交作业，我不得不跟她"正面交锋"。我把她叫到我的办公室，让她坐下来，想问问她为什么不交作文。她还算直爽，说："老师，我的作文以前都是得奖的，我的小学老师说我的作文写得好，还指导我参加征文比赛，而且获奖了呢。但是我看三次您都给我的作文打低分，我觉得没有写的必要了。"她戴着口罩，虽然讲话很是干脆，但是眼底好像有一丝没遇到伯乐的落寞。我的心里暗叫一声"好！"我似乎知道这一切的起因了：一个小学备受老师关注的小才女，上了中学，作文居然被打了低分，这个年轻的老师居然没有发现她的优秀,她的心理自然不平衡。我没有马上提起作文和纸条,而是要她聊一聊让她自豪骄傲的母校。她侃侃而谈,眼里甚至有了一点傲慢和偏见。她在北京读小学。在北京,学生学英语从一开始就更注重口语交流;学生学写作,不仅仅是为了老师的一个分数,而是在老师的指导下反复修改直到可以投稿到校刊;学生的研学活动丰富又多彩……我好像感受到了她对小学的留恋和对初中的不认可。我知道我没有办法马上减小她这种心理落差,只能尽可能地让她多用发现美的眼睛去看待初中。

我耐心地听完了她的话,认真思索一会儿,然后认真地告诉她:"你很幸运,在北京读书,见到了这么多彩的世界,回到家乡肯定会很怀念以前的老师同学。现在进入新集体了,你有没有融入新环境呢?这是你要学习和生活三年的地方呀。你能不能也说出新集体的几个优点呢?罗丹不是说吗,生活中不是缺少美,而是缺少发现美的眼睛。"她支支吾吾,说这里比较自由,老师和学生关系比较平等,同学也跟她热情交谈。我告诉她:"在三中'真·爱'的办学理念下,老师对学生会怀着一颗更加宽厚的心。你所在的学校同样名师荟萃,只是师生之间需要一点适应的时间。"接着,我又让她拿着她几次得分低的作文,看一看存在的问题,我告诉她:"在有限的时间内进入正题作答在考场上至关重要,你平时投稿可能要求字数比较多，所以你才思泉涌，洋洋洒洒地挥笔创作，但是平时作文我们只练800字，你写到大半了还没进入关键内容，因此老师判你为'详略不当'，不算佳作。"这几番下来，她连连点头，也算心服口服。

往后，我表达了对她的重视与欣赏，她也更加愿意投入集体活动中，不再沉浸在过去里了。

她的无心之语点醒了我：站上讲台，我的一言一行都会被学生看在眼里。我一直怀着敬畏之心，我为自己尽力而为的每一节课骄傲。关上抽屉前，再看一看这三年来积攒的学生给的肯定和祝福。我想我应该感谢小T吧。正是因为她，我才意识到"学高为师，身正为范"，意识到教师这个身份的重要，意识到要怀着感恩和敬畏的心踏上三尺讲台。希望在以后的教育生涯里，我能够不忘初心，发现学生的美，欣赏独特的风景。

黄雪婷

致2017年开学季与老校歌

亲爱的三中:

您好!

2017年8月,我正式加入南宁三中教育集团,被分配到初中部五象校区。由于是首届招生,因此校区前期招生与开学布置工作早在暑假就已经开始,但对于我来说,2017年8月30日学生注册那天才是真正意义上的里程碑。在这天,我以三中班主任的身份出现在学生与家长面前。为了更有仪式感,平时不修边幅的我央求妻子陪我去商场买了白衬衣,还把从来不穿的皮鞋也打包放进车里。结果一到校,看到领导与同事们都穿着休闲的便装,才发现自己没认真看通知，把本该在开学典礼穿的正装提前穿了，真是闹了个大乌龙！

我本想换回轻便的T恤与七分裤，但时间已经不等人——同学们马上要进校注册了！我和副班主任傅媚老师直奔教学楼二楼的三班教室做注册前的准备工作。正在这时，从窗外传来一段悠扬的音乐，我不禁放慢脚步凝神聆听，好一会才回过神来。

旁边的傅媚老师告诉我，这就是三中的校歌。三中校歌有老版和新版之分，刚才响起的这段旋律就是老校歌。傅媚老师是三中青山校区毕业的，高中时期经常在校园里听到这样的校歌铃声。我当时觉得那段音乐特别空灵、纯净，回想起来，这是我和老校歌的初见。

不久，我在梁毅副校长的讲座上第一次见到了这首歌的歌词："维我校友，星聚南邕。阳明过化，郁郁葱葱。含英咀华，正义是从。如沐时雨，如坐春风。教学相长，观摩从同。譬如新篁，箐茂匪穷。晨曦融融，怒潮淙淙。三千弱水，一苇之功。"这才深切感受到这首曲子的魅力：歌词虽然不长，但却用精练的语言概述了三中的历史，表达了莘莘学子在研学中的收获与对母校的感恩之情。作为一名刚刚入职的三中新人，我不禁将我的母校南宁二中的校歌与之对比，感觉二中的校歌和三中的新版校歌一样清新、欢快，让人感受到时代跃动的脉搏，却少了些许时间沉淀的韵味。后来，我通过在网上查阅资料，逐字对照这首半文言文半白话文的校歌翻译，发现三中的校歌竟然和二中的校歌只有几个词略有不同，这才了解广西这两所名校颇有渊源，难怪经常在大会上听到领导称两所学校为"兄弟学校"。

2017年8月底至9月1日，是我正式在三中上班的第一周。这周虽然没有正式上课，但新生军训、班级文化建设、家长会以及新校区刚刚落成，各部门开展的一系列工作接二连三地向我扑来，我凭借着之前苦修的10年内功，扎稳马步，使出浑身解数，总算是一一应对妥当。过后我反思，开学这一周的工作强度比我之前在原单位带初三毕业班还要大，到底是什么力量支撑着我渡过难关的呢？现在我明白了，三中老校歌就是我的力量之源。这首校歌创作于民国时期，它像一面多棱镜，折射出五四运动时期，中国进步知识分子为争取民主与科学付出的艰辛，闪烁着探求真理的光辉。初中部五象校区始建于三中建校120年之际，距离1897年三中总部建立，正好两个甲子。而我作为该校区的一头"开荒牛"，在尚未全部完工的校园里听到这首带有开拓者精神的歌曲，真是感到无比振奋。

在开学那段时间里，我的手机常备着这首歌曲。每当我伏案备课，因为疲劳感到烦躁的时候，听一听这首老校歌，便感觉纷扰的心绪得到了安抚。并且,我发现听歌的时候如果拿着歌词对照细品,会别有一番滋味——听的次数越多,感受也会越深,如同嚼橄榄、嚼余甘子一般回甘不断。我每次工作至夜深人静,往往会下意识地掏出手机,戴上耳机,按下播放键,在一两分钟的小憩中积蓄继续用功的力量,然后笑着对自己说:"小累小困,来首三中校歌,记得一定得要老版的!"

2017年开学季,在老校歌陪伴下的这段日子,将会成为我这辈子弥足珍贵的回忆。

莫淞淋

「真·爱」薪火相传

亲爱的三中：

　　您好！

　　"维我校友，星聚南邕。阳明过化，郁郁葱葱。……"每当校歌萦绕耳畔，激荡起心中的涟漪，都会勾起一代又一代三中人青春的回忆。恰逢您的125周年生日，您这所百年名校在新的潮流中依然迸发出新的活力，用新的姿态继续谱写华美篇章。百年风华正青春，而属于我的三中印记也将在永恒中延续……

　　　　谱青春之歌，沐浴真爱

　　七年前慕名"真·爱"教育理念，我

踏入了这所向往已久的百年名校,开始谱写三年的青春之歌。在这个鸟语花香、绿树成荫的校园里,有丰富多彩的社团文化,精彩纷呈的校运会、成人礼……正是这一个个活动汇聚成三中温暖的港湾,这港湾对于每个三中学子来说,是依恋,是桃源,是每一位三中人独有的青春之歌。

当然,在成长的道路上,难免受到挫折,在与优秀的同学们共同前行中也时常倍感压力,但是三中老师的温情与关怀永远不会缺席,让我在一次又一次的挣扎中仍怀有仰望星空的希望和破茧成蝶的勇气。我们沐浴着"真·爱"教育理念的光辉成长,也将带着这份初心,用一腔热爱与真诚,在人生路上不断前行。

谈起高三那年,我很幸运地见证了您120周年生日。印象深刻的是学校为校友们追忆青春岁月而设计的"校门",校友们纷纷与这一道道"校门"合影,去感悟这所百年名校的底蕴;操场上有新老校友共庆母校生日,还有展现自我风采的"校友大舞台"活动以及全球三中学子感恩母校,喜迎母校120周年华诞的"校庆祝福墙"……一切的一切都是这么的美好,其乐融融。那一刻,我真真切切地感受到三中"真·爱"教育理念的魅力,因为真爱,即使身处天涯海角,三中人的心依旧紧紧连在一起,魂牵母校,情系三中。

2018年高考结束,学校召集高三学生举行"志愿指导大会"。在大会上,韦屏山校长的一段话令人深思:"百年大计,教育为本，教师是中国梦的筑梦人。"这让我更加坚定踏上教育征程。于是我义无反顾地填报了西南大学数学与统计学院国家公费师范生，立志成为一名有扎实学识、有理想信念、有道德情操、有仁爱之心的"四有"好老师。

有一种青春叫作"三中"！

奏奋斗之章，圆三中梦

就这样，我开启了大学四年的求学之旅。在大学，我依旧努力着，奔跑着，不断充实自我。在打牢数学与应用数学专业课的基础之上，不断提升自己的教师教育素养和教学基本功，奏响奋斗之章。

大学期间，我参加了各级各类数学竞赛、大学生建模比赛，在比赛中提升自己的数学专业素养。我还积极参加师范生教师讲课比赛、教师技能大赛，孜孜不倦地寻找讲课锻炼的机会，以期通过一次又一次地磨课、练习，提高自己的授课说课能力，夯实教学基本功。与此同时，在闲暇之余，我还广泛阅读教育学、心理学文章，提升人文素养。一路走来，我倍感幸运，常怀感恩之心，感恩一直给予我帮助的知识渊博的导师们、一起学习的同学们，感恩西南大学为我们创造的学科专业与师范生技能融合发展的高平台。

"机遇总是垂青那些有准备的人。"大四那年，我通过南宁市教育局直属单位公开招聘教职工考试，如愿以偿地考回了三中，圆了自己的三中梦。

有一种奋斗叫作"梦想"！

以"真·爱"之名，续写未来

"真·爱"是师生共建的桥梁，带着"真·爱"的初心，我再次回到了母校成为一名数学教师。一切还是那么的熟悉，一草一木都牵动出绵绵不绝的记忆，一砖一瓦都激起内心深处的感动。曾经我也怀揣着梦想在三中求学，而今我将继续用"真·爱"教育理念的激情去点燃学生们的梦想之火，助力一代又一代三中学子攀登知识的云梯。以"真·爱"之名，续写未来。

敦品力学、"真·爱"传承，百年三中，温暖始终如一。"努力成为一名有温度且优秀的人民教师"是我一直以来的追求。我愿化作风，让三中的"真·爱"教育理念犹如一朵随风飘散的蒲公英，将真爱之种传播四方，薪火相传。正如冰心所说："有了爱，便有了一切，有了爱，才有教育的先机。"

有一种教育叫作"真·爱"！

125段风雨轮回，125年峥嵘岁月，125番天道流转，125载奋斗足迹，成就了今天的荣光！南宁三中，祝您125岁生日快乐！

贺南曦

青春之歌

亲爱的三中:

您好。

在这125周年校庆之际,我想起在三中20年的点点滴滴,有感于三中独有的德育特色,浸润和滋养着我们每一位三中人。在这特殊的日子里,有一些心里的话想向您说。

最初感受您的德育文化是从校园的歌声开始。每次轻哼校歌歌词"维我校友,星聚南邕。阳明过化,郁郁葱葱。含英咀华,正义是从。如沐时雨,如坐春风。……"都能感受到学校那深厚的历史底蕴。

三中是一个不缺歌声的校园,歌声中

让我印象最深的就是三中的红歌赛。了解红歌赛是在我刚做班主任工作的时候。刚开始我以为这只是一场普通的学生活动，经历两届红歌传唱后，我真切地体会到这样的活动就是三中文化的一部分。而这样活动其实还有很多，学校也正是利用了这样的文化来引领与熏陶着每一位三中人。

记得2009年我有了一个担任高一班主任的机会。我怀着一腔热情，思考着应该如何去做一个优秀的班主任。我想到了制度，想到了责任。此后，我用尽了心思去陪伴学生的成长，帮助他们充分利用时间来攻克学习的困难。当我第一次听到有个红歌大赛时，我认为这是学习的"干扰因素"，对此我不是很上心，甚至认为会浪费孩子们的学习时间。我不仅对同学们的准备没有给予任何支持，甚至有意地压缩他们练习唱歌的时间。但同学们没有因此放弃，他们自发地利用周末休息的时间自己练习、自己去租用演出的衣服，一次次地进行着队列的排练与细节的纠正。这让我感受到了一个班级的凝聚力，同时也让我为对此事漠不关心，甚至是"拖后腿"的态度而感到愧疚。比赛的那天我看了同学们精心准备的节目，我为他们能在这么短的时间里准备得这么好而感动。但最后我们班的歌唱节目只得了二等奖，颁奖的时候，同学们哭了。泪水里也许包含着些许的遗憾，但更多的是同学们对这段时间以来的努力与付出，甚至凝聚着班级那股子不服输的劲头。

  三年后，当我再次接手新一届高一班，有了上一届的经验，我对红歌赛活动倍加重视，而这一次的重视让我对活动又有了全新的认识。我改变了前一次漠不关心的态度，不仅保证让同学们在正常的上课时间以外得到充分的练习，而且还积极地加入其中，成了合唱组的一员。非常幸运的是，这一次活动中，陈美娜老师以班主任导师的身份加入我们。在美娜老师的指导下，我真切地体会到了音乐给人心灵的浸润。在这段被红歌感染的日子里，每个人都享受着音乐带来的陶冶的作用。每一次的进步、每一次各声部的成功配合所带来的喜悦无不影响着我们每一个人。就这样，快乐一直持续到了比赛那天。这一次同学们得到了一等奖，虽然不是第一名，但是同学们却无比地高兴。我永远都记得作为班级代表领奖的那位男孩自豪的样子。那一夜，我哭了，泪水里充满了激动，也真正体会到了上一届学生的感受。

美娜老师告诉我，不要小看了这一活动，红歌活动不仅仅承载着丰富的真、善、美内涵，更是一次承载班魂与展现班主任带班理念的绝佳机会。的确，这次活动我收获太多了：我不仅了解了班上有艺术天分的同学，还借机了解了他们的个性特点；活动中请家长帮忙化妆、后勤保障和拍摄剪辑等，让我和家长有了更多的沟通，顺利地成立了我们班的家委会；利用红歌给人的那种激情、那种奋发向上的力量去激励同学们拼搏；利用活动本身的过程去培养同学们追求卓越、争当一流的意识。从那以后，我们班还多了个记班级日记的好传统，因为感动需要被记忆，优良的传统需要被传承。

又过了一年，我有幸转到了南宁三中学生处。到了这个处室我才发现，一直以来三中学生的活动真是太丰富了，比如元旦通宵晚会、高三音乐会、新蕾艺术节……数都数不过来。这些活动不仅多彩，而且包含着丰富的意义与内涵。学校重视学生的思想道德教育，而这样的教育并不是死板枯燥地说教，而是通过一个又一个的学生活动，让学生在实践中体验三中的文化。通过学校道德教育工作，学生在活动的过程中得到思想的升华，从而形成三中人的优秀品质，并将这样的品质发展传承下去，在学校中逐渐形成"实践—体验—引导—升华"的实践型的德育模式，也正是这样的德育模式使得学校的教育常常在"爱"的交流中进行，"真"的人格、

"真"的科学也常常在"爱"的滋润、沟通和对话中传承。教师把真挚的爱奉献给学生,学生又报以相同的真挚的爱给老师,我想这就应该是我校"真·爱"教育所追求的境界吧。

三中,我爱您。不仅仅因为您是一座有着百年历史的学校,也不仅仅因为您取得的骄人成绩,更重要的是这里有充满着整个校园的富有内涵的文化气息,有着丰富多彩、特色鲜明的众多校园特色活动。学生们在这样的实践活动体验中被引导,并得到升华,就连在这里工作的老师也受到了这样的文化熏陶,让自己个人的修养与内涵都得到了滋养。

听,又是一年校园的歌声,新的学期又来了。新学子不断加入,让有着百年历史的校园焕发着青春的气息。

胡颖毅

陪伴是最长情的告白

亲爱的三中：

在你迎来自己一百二十五周岁生日之际，我忽然感触良多，与你同行的岁月记忆如春潮翻涌上心头，希望借这封信与你说说心里话。

1998年大学毕业至今，我从教已有二十四年。二十四年的从教生涯，让我有足够多的机会与不同的学生邂逅、交心，最后道别。他们见证着我从一名青涩的年轻教师成长为现在还算从容、冷静的模样。而我也无数次地见证了三年的光阴在他们身上留下痕迹，见证着他们的成长。

不同的老师有着不同的与学生交流的

方式。在这其中，我偏爱"陪伴"二字。我喜欢陪伴着学生们成长——他们鼓起勇气挑战自我时，背后有我；他们为获得比赛胜利而欢呼雀跃时，身旁亦有我。我相信陪伴的力量。只要尽心陪伴，花总会开，即便有时见证花开时刻的并不是我。

2017年，我来到三中青秀校区。初入三中，与我结缘的是一群活泼外向的孩子——初2017级无畏8班。易含是其中的佼佼者。她开朗、上进、不服输。学习上她勤奋刻苦，每次考试成绩都列年级前列；集体活动她也从不落后，还拿过校运会跳高比赛的冠军。然而这样的她，却在初二下学期突然消沉了下来。我不时接到课任老师对她的"投诉"：课堂上走神、打瞌睡、不按要求背书，甚至不交作业……于是我和她进行了一场交心的谈话。在谈话里，易含告诉我她的学习陷入了瓶颈，随着课程内容难度的加大，她渐渐力不从心，好几次测验成绩都不是很理想。大大小小的失败正逐渐消磨她的信心。她觉得考上三中高中部的梦想似乎离自己越来越远。我看着平日里阳光开朗的她第一次在我面前红了眼眶，感受到她正在逐渐丧失自信，我不能放任她继续消沉下去。我先给她分析了近几年三中高中部的录取情况和她的优势，安抚她焦虑的心情，接着鼓励她发挥自己的优势。对于偏弱的理科，我则要求她在考试中做好基础题和中档难度题，把能拿到的分都拿到。我还提醒她在学习遇到困难时多找老师寻求帮助。那次谈话后，我密切关注着易含的日常表现，每一次大考之后，我都逐科为她分析，肯定她的进步，和她一起找出存在的问题和解决的办法。每当她情绪低落找到我时，我都耐心地倾听她吐露烦恼。渐渐地，她的成绩逐步回升，在最艰苦的初三冲刺阶段，她也依然保持着自信开朗的笑容。最后，易含顺利地考入了三中五象高中部。得知录取消息时，她妈妈给我发来短信："郭老师，感谢你不离不弃地支持和鼓励，成就了现在的她。"我也很激动，因为我的陪伴与守望，终于有了回应。时至今日，易含一家与我依旧保持着联系。易含的妈妈会时不时地与我分享孩子的高中生活，分享她的进步与改变。而我，则以另一种方式继续陪伴着她。

与2017级无畏8班的孩子们告别后，我担任了初2019级筑梦18班的课任老师。这群孩子勤奋上进，学习刻苦自觉，不需要我太多的管教，使我能够把更多的时间投入英语教学中，做他们英语学习道路上的后盾，与他们一起筑梦。初三一年，我是这样做的：我和他们一起品英语美文，领略世界文学之美；我带着他们写英文美篇，感受英语语言的奥妙；我努力让备考的课堂少些枯燥，多点乐趣，关注着他们的点滴进步，看着他们离梦想越来越近。我也会做他们诉说烦恼、宣泄压力的倾听者。记得有一天放学后，小陶走进办公室对我说："郭老师，你可以给我一个拥抱吗？"虽然不知道前因后果，但我还是很温柔地拥抱了她。中考前，小陶在我的办公桌上留了一张字条："老师，这段时间我成绩老是上不去，有点烦躁。谢谢你那天的拥抱，它给了我力量，让我焦虑的心得以平静下来。你放心，中考我英语一定会拿 A+ 的。"小陶最终没有食言，实现了对我的中考承诺。其实，很多时候，孩子们的要求往往不高，他们想要的只是老师的关爱罢了。中考结束，当筑梦 18 班的孩子"筑梦"成功，集体考"回家"（即顺利升学进入三中高中部）的时候，我收到了班上男生小何的妈妈发来的短信："郭老师，谢谢你！一年的陪伴，让孩子对自己的英语学习重新燃起了希望，让英语不再是他的拉分科目。"

2021 年 8 月，我再次回归了班主任的队伍，担任三中青秀校区初 2019 级星锐班的班主任。这个班级仅有十名学生，他们性格鲜明、各有特点，是大家眼里的佼佼者。在日常的学习生活中，他们可以称得上刻苦自律。我担忧的并不是他们会逃避学习，反而是得想方设法地让他们得到充分的休息——毕竟，对于这些宁愿抛弃短暂的午休都要留在教室学习的尖子生来说，我能做得最多的，便只有温暖的陪伴了。

初三很苦。我陪着学生们走过了这段充满汗水、泪水与辉煌的时光。我们共同感受过南宁盛夏毒辣的阳光，共同走过深夜校园无人的小道；我们相遇在严寒清晨的课堂，站好校园里的最后一班岗……

　　小彭多才多艺，自我要求极高，并带有一丝傲气。一开始他有点跟不上班级的节奏，因此，他每天完成作业后，都要给自己安排额外的练习。他总是奋战到深夜，目的就是希望通过努力追上大家。在这样的压力下，他变得焦虑，也变得有些敏感易怒。我理解他的心情，安慰他，也想方设法帮助他解决学习上的困难。渐渐地，他跟上了班级的步伐，成绩稳定了下来，与班里的其他孩子也能融洽相处。元旦前夜，在我陪星锐班的孩子们上完2021年最后一节晚自习的时候，小彭走上前，递给我两片暖宝宝："天气冷，郭老师您贴在身上，骑电动车回家时舒服些。"后来小彭的妈妈告诉我，这是她这亲妈所不曾享受过的待遇。中考结束，小彭在回顾一年的初三生活时，写下了几句话："对于我所取得的一切进步，我想首先得感谢我的老师们。他们在我考试失利时给予我莫大的鼓励，是我放下一切焦虑继续前行的动力。在我因为获得一点成绩沾沾自喜时，他们又会纠正我，教导我，让我不至于偏离了方向。初三的每个夜晚，（我们）是在老师们陪伴的自习中度过的。灯光洒下，老师讲解的声音不仅记在脑中，更留在心中。"

　　小慧可以说是十个孩子中个性不算突出的一位。她曾经不看好自己，觉得自己没有特别拔尖的科目，不配成为星锐班的一员，她甚至怀疑自己是否最终能考上三中高中部。我感觉到了她的不自信，鼓励她要看到自己的优点：各科成绩均衡、爱看书、阅读量大、文笔优美……我对她说："你是凭自己的实力进入星锐班的，如果你不配，那还有谁配？你怀疑自己不能考上三中高中部，是不相信自己，还是不相信我们老师？"看着小慧的眼神由最初的黯淡迷茫，慢慢地开始有光，我知道我的话有了效果。初三一年，小慧可以说是我最关注的孩子，尽管我表面总是不动声色。我关注着她的每一次进步与突破，关注着她的心情起伏。周末的夜晚，我会时不时通过网络陪她聊一聊，听她发发牢骚。中考成绩出来那天，小慧的妈妈偷偷发信息问我："我女儿有四个A+吗？"我骄傲地告诉她："你对你女儿要有信心，她得了五个A+！"今年教师节，小慧给了我一份特殊的礼物——一首小诗。诗中写道：

……

忘不掉的

是星锐成班之日

您对我们的谆谆教诲

炽热阳光

婆娑树影

> 您的声音如一泓清泉
> 沁入心涧
>
> 感念于心的
> 是我身处谷底时
> 您给予的安慰与信心
> 您的话语间
> 盛满了温和与力量
> 眼眸中
> 似有星辰流过
> 熠熠生辉
> ……

天哥是一个独立、优秀的学生，无论是学习，还是日常生活，他都能把事情安排得井井有条。中考语文考试结束后，我发现他的脸色不是很好。他说自己的卷面涂改了一些，很担心书写被扣分，导致语文拿不到A+。由于他家离学校较远，父母工作也很忙，考试那几天的中午都只有他一个人留在学校休息。我担心他沉浸在忧郁的情绪中，影响后面的考试，于是我告诉他："我已经向参加过中考语文评卷的老师了解过了，你这种情况的涂改是不会被扣分的，放心吧。A+跑不了！"然后我陪着他到食堂打饭，又陪他回到宿舍看着他把饭吃完,我才放心地离开。中考成绩出来,天哥如愿拿到语文 A+。

  这些陪伴的故事有很多很多,在一天天的陪伴中,我的学生们逐渐长大。

  陪伴是最长情的告白。它很平常,日复一日,年复一年,陪伴就成了习惯;它也很温暖,它意味着在这世界上有人愿意把最美好的东西——时间给你。在教育的路上,我愿意陪伴着我的学生们一点点地成长。我陪伴他们在勇往直前的路上不孤单;陪伴他们见证成长路上的美丽风景;陪伴他们擦干泪水转身笑对未来;陪伴他们一步步靠近理想中的自己。

  初 2019 级星锐班的学生已经迈入高中校园,开启新的学习旅程,向着他们心中更高远的目标飞去。我也迎来了新一批青秀学子。我会继续陪伴着他们,与他们一起遨游浩瀚的书海,欣赏校园里四季更迭的美景。我坚信,若我能够秉持着对学生的关爱之心,耐心地等待他们的成长,我也必会得到他们爱的回音。

郭 岚

「守道」与「超常」

亲爱的三中：

　　来到您身边已经将近五年了，我仍记得 2017 年 9 月的一个午后，微风习习，树叶惬意地摇曳着，掀开了秋天的第一张面纱。潺潺的流水，欢乐畅游的鱼儿，上蹿下跳的小松鼠，教学楼里的琅琅书声……这一切，足以极视听之娱。我几乎快要笑出声来了。但看着来来往往的资深前辈，我这个新人压制住了内心的狂喜，屏声敛息。真不敢相信，我就这样成了您的一员。要知道在这以前，您一直是我遥不可及的梦想。

　　2017 年 9 月至今，您见证了我五年的奋斗青春。"如果给你再选择一次，你是否还做出同样的选择？"面对这样的疑问，我的回答是"会的"。三中，您以深厚的文化积淀，洗涤着我的心灵，用您的那份"真·爱"温暖、激励着我"守道"与"超常"，让我能自信、坚定、勇毅地走向更广阔的教育之路，奔赴更高远的梦想之巅！

　　刚来到您身边，就听老教师说，三中的老师在各类比赛中都是拿一等奖、第一名的。这给了我满满的期许，因为我也是您的一员，我相信我也会这般优秀，但同时这也给了我很大的压力，要知道在南宁的比赛中取得第一，那是需要多大的努力呀。所以，每一堂课上课前，我都会去查阅相关的资料，了解学生的学情，想着该如何突破我的教学重难点，如何让学生爱上我的语文课。我很喜欢奋斗着的自己，甚至因此沾沾自喜。但是一段时间过后，我的语文课堂教学陷入了瓶颈，我很迷茫、很彷徨、很怀疑自己。我的师父邓林鹃老师似乎看出了我的迷茫，她对我说："拿你的详案出来给我看看。"我拿给她看了，她看完之后没有说话，默默地拿出她那密密麻麻的详案给我看，我看得面红耳赤，羞愧不已，我也终于明白了问题所在——原来我的基本功还远远不够。"遵循语文教学的规律，练硬教学基本功，才能站稳讲台，才能激活课堂。"带着邓林鹃老师的叮嘱，从那以后无论工作多忙、压力多大，我都会写详案，为课堂做最充足的准备，从最基本的细节慢慢努力,遵守语文教学之道,踏踏实实练好教学的基本功。终于,功夫不负有心人,我逐渐进入语文教学的佳境,我渐渐从您身上找到了一种自信,我感觉我离您越来越近。

守语文教学之道,练硬教学基本功,可以行稳致远;"超常",则惊喜不断。在守语文教学之道的同时,我尝试超越常规,推陈出新。

努力"超常"源自提升教学水平的渴望。有一次,我听梁惠红老师的语文课,我发现她的课堂洋溢着满满的文学味、文化味,让人有一种如沐春风的享受。"作为语文老师,我们自己一定要去多研究,这样我们的课堂才能更有深度,更有意义。"带着她的谆谆教诲,我开始有意识地去研究。于是,我积极关注教学科研的前沿成果,用如饥似渴的学习和执着的钻研加快自己专业水平提升的速度。2019年我申报的课题"教育戏剧在初中语文教学中的运用研究"获得了自治区A类重点课题立项。有人说我是把最难的事情做在了最前面。当时,我的教龄才一年多,却要主持一个自治区级A类规划课题。我知道前路很难,但为了我的教书梦,我愿意这样"自讨苦吃"。2020年的南宁市中考备考研讨会上,在邓林鹃老师的指导下,我执教的主题升华作文课又再次放弃了常规教法,从宽度、深度、高度三个方面指导学生进行作文的升格。研讨课后，评课老师的肯定让我再次坚信"超常"虽难，但努力了，总有回响。

如今，我顺利完成了自治区级课题的结题工作，在广西广播电视台公共频道《一堂好课》节目中讲解《生如夏花》一文，在南宁市语文主题教研会议上推广研究成果，在南宁市青年教师技能比赛中获得佳绩，被评为南宁三中"我最喜爱的班主任""优秀教师""优秀科研工作者"等。更可喜的是，我今年顺利评上了南宁市的教学骨干。这些都得益于您的浸润与熏陶，得益于您给我的力量，得益于我是您的一员。仍然记得，2017年刚入职时，您给我们新教师规划了三个"五年计划"，第一个五年计划就是成为一名骨干教师，而如今我也算是顺利完成了我的"一五"计划，也算是给您交了一份合格的答卷。

"守道"，是"超常"的底气；"超常"，是"守道"的突围。三中，您所倡导的敦品力学、"真·爱"传承，让我在"守道"与"超常"的教学路上勇毅前行。是您的悉心栽培和深切关怀，是您的无私指导和奋力托举，让我有了拥抱星辰大海的勇气！

三中，感恩一路有您！

苏朝凤

致三中五象校区的路灯

亲爱的路灯：

你好。

在这 125 周年校庆之际，我想起与三中这所学校最初的情缘，便动了给你写信的念头。

细细数来，我们在这个校区刚刚建成之时就已经认识了。因我工作上的调动，我们竟有将近三年未见了，不知你近来是否安好？

仍记得当年，五象校区第一届学生入学时，你就已经站在那里，为孩子们照亮脚下的路。那时候，学校的水电供应尚不稳定，时而停水，时而停电。没水了，一辆辆送水的车子驶进你的视野范围。孩子们则提着水桶，热闹而又艰难地从你身边走过。你温柔地洒下暖黄色的光，照着送水车司机疲惫的脸庞和孩子们嬉笑打闹的身影，陪伴着他们的坚强与乐观。停电了，你沉默地黯淡着。一个个孩子打着手电筒，在微弱的灯光中从你的身边经过，抬头看着你，像期待着什么。

不知道当时你的心情是怎样的？是无力、无助，还是在为他们的坚强而感动或欣慰？

你的光辉不仅照着孩子们的脸庞，也照着老师们的辛勤与欢声笑语。

一个个值日的夜晚，是你的光芒把老师们送进宿舍大门或送离校园。家长会前夕，每一个班主任都奋战到深夜，也是你陪着他们走完回教师宿舍的路。而在每一次加班结束后，总有老师齐聚在校道旁的花圃边上，买上三两份食堂的夜宵，准备上一些饮料，谈笑风生。你的光柔和地洒在美味的食物上，洒在老师们的笑脸上，洒在大家有趣的话语与对未来的期许中。我已经记不清当时大家谈论的内容，但依然记得那段时光的喜悦与你的光芒带来的绚烂多彩。

一年四季，你几乎全年无休地站在那亮着，注视着每一个经过的人，照耀着他们或喜或悲、或成或败的经历。不瞒你说，其实我也曾在深夜，像你注视着我们一样，默默地注视着你,看着一片昏暗中那一点点光亮。

记得有一个夜晚,夏虫已然无声,万物沉沉入睡,只有你还醒着。不知你是否看到两位行色匆匆的人奔向宿舍。灯光晃了晃,你似乎也在疑惑发生了什么。过了好一会儿,你身下的影子变成了三个。只见其中一个年长者说道:"还是先去医院吧。"而稚嫩的声音带着哭腔说:"我……我的妈妈不在南宁,怎么办?""没事,我带你去吧。"你应该认出来了,那是我的声音。三个影子不见了,校道上多出了汽车的灯光,和你的光交织在一起。很快,汽车的灯光也不见了,只剩下你一个人静静地站在校道上。我知道,你在等着我们回来。

不过这一等,你就等了许久吧——现在也记不清当时花了多少时间了,只记得再见到你的时候,我的内心满是疲惫。把孩子送回宿舍,我便坐在花圃旁。隔着斑驳的树影,我看见了依然在发光的你,在无垠的黑暗中,那么渺小又那么固执。从

天刚刚暗下来一直坚持到天蒙蒙亮起来，你会感到累吗？但无论累与不累你都不言不语，只是日复一日地站在那里照亮一方土地。

我想，曾经也不止我一个人这样抬头仰望着你，从你的身上获取力量。不知道你是否会因此感到欣慰与幸福？

离开这个校区近三年了，也不知道在建校125周年之时你的生活会不会有什么新变化？我想你应该会变得更美，你的光芒应该照射到了更远的地方，照亮了更多人的心灵。你的沉默、你的坚持、你的爱，应该如过去一般从未改变，在将来也依然留存在这个校园之中。

陈　瑶

给母校的一封情书

亲爱的母校：

您好！

一别二十年，我又重新回到了您温暖的怀抱。过去二十载，我从青葱少年蜕变成了一名人民教师。我的心中始终有一个声音在回响："今天我以三中为荣，明天三中以我为荣。"我亲爱的母校，在您一百二十五岁生日到来之际，不知我是否让您以我为荣了呢？

回想起1998年的那个夏天，我带着家人朋友的祝福，考入了我梦寐以求的南宁三中。在三中青山校区求学的三年，是我人生当中最幸福也最值得回忆的三年。在这里，我结识了性格各异却志同道合的同学，认识了学识渊博、温暖可爱的老师，留下了一段段弥足珍贵的成长回忆。

第一次住校，自己铺床、整理被褥及生活用品，和同学去食堂打饭打水……这些新的体验都让我感到兴奋无比，唯独有一样使我觉得难以适应的——洗澡。

"你第一次住校吗？"小罗热情地问我，不等我回答又接着说，"你要准备两个热水瓶子用来打洗澡用的热水，不然你就只能洗冷水了。"

南宁的天气那么热，洗冷水就洗冷水吧，我心里暗暗地想。"洗澡间那里可以淋浴吗？"我向轻车熟路的小罗打听。

"没有的哦，要自己拿水桶接水拎进洗澡间洗的，你最好准备一个大点的桶，这样一桶水就够洗了，不然你得拎两桶水。"小罗说。

起初，我认为拎一大桶水没什么大不了的，试过之后才发现，水桶需放在洗衣槽里接水，但是要想从1米高的地方将装满水的水桶拎下来不是容易的事，一不小心便会洒了自己一身，尤其对像我这样手无缚鸡之力的人，更是难上加难。无奈之下，我只能选择换成两个小桶轮流接水，这样我双手一提就可以把水桶拿下来，再慢慢地拎到洗澡间。日复一日，我从两手提慢慢地变成可左右手各拎起一桶水，这个过程是漫长的，但却磨炼出了我坚韧的意志。

拎水只是解决了洗澡用水的问题，可洗澡的时间问题却更考验人。那时条件有限，女生宿舍楼的洗澡间是共用的，一层楼才六至八间洗澡房，而每个宿舍却住着十二个学生。可想而知，大家洗澡都得卡着时间。如果想下午放学后就能洗上澡，首先你要中午就准备好水，然后一放学你就得用猎豹奔跑的速度飞奔回宿舍。当然，为了挤出更多的学习时间，我也会跟同学一起合作，一人负责打饭，另一人负责洗澡排队。洗澡排队的人总是很多，因此留给我们每个人的洗澡时间是极有限的，一般五分钟内就要完成。我就是从那时起养成了做事情不拖拉的习惯。

　　求学生涯的点点滴滴，潜移默化地锻造了今日的我。大学毕业后，我选择了教师这一职业，但在异乡工作的岁月艰难又漫长。终于，我等来了一次机会。

　　2021年，我幸运地通过考试再次回到母校的怀抱，而这一次，我是以一名教师的身份。

二十年，我的母校，她变了样——图书馆变得更宏伟了，宿舍楼也焕然一新，很多事物已不复当年的样子，但一切又是那么的熟悉。那曾经天天走过的校道，那校道上欢声笑语的我们，仿佛还在昨日！我虽不再年轻，但我的母校她依然年轻，依然充满活力。一代代的三中人接过前人的接力棒，正把这所百年名校发展得越来越好。

何其有幸，我从三中来。何其有幸，我又回到三中！

我的母校，也许我今天还不够优秀，还不能做到让您以我为荣，但您见证了我的风华正茂，我也将用我的余生为您书写传奇！

苏秀玲

邂逅三中

亲爱的三中：

您好！

时光荏苒，岁月悠悠。当历史的车轮从1897年来到2022年，您已走过125载风雨春秋。尽管我是入职未满一年的新教师，但已深深地感受到您深厚的历史文化积淀，切身体会到"真·爱"教育理念的无限魅力。

2021年12月，我有幸加入书香满溢的三中初中部五象校区，担任初三年级的语文教师。面对新的工作环境，其实我内心有些焦虑，感到些许惶恐不安，总是担心自己融入不了团队。但在接下来的日子，我渐渐地发现，语文组的老师们非常亲切热情，特别有凝聚力。很快，在老师们的热心帮助下，我很快地熟悉了所在年级的日常教学工作，逐渐步入初三备考的正轨。

我特别喜欢这里浓厚的教研氛围。大家探讨问题时各抒己见，编辑资料时齐心协力，这让初出茅庐的我感受到了团队的凝聚力，真是获益匪浅。我此时才意识到，之前我在备考时走了很多弯路，没有把时间花在刀刃上，没有把握好备考的正确方向。

慢慢地，我发现三中的每个教研组都是那么勤恳、进取，总是集整个备课组、教研组的智慧为学生的身心发展保驾护航！如：为学生精心设计的课堂教学；为学生量身定做的教学资料；为学生的兴趣爱好用心开设的缤纷多彩的校本课程；为学生的身心健康开展的体训、心理讲座……沐浴在教育的春风里，我明显地感受到了三中学子不一样的青春朝气。

慢慢地，我发现三中的每一位老师都在自己的岗位上辛勤耕耘、默默奉献。每一个晚自习，在教室门口暖黄色的灯光下，你会看到老师给学生面批辅导的身影；夜深人静之时，你会看到办公室灯光下依然有老师伏案备课、批作业的身影；每一次素质检测结束后，你会看到学生将老师团团围住等待讲解的热闹场景……每每看到这样的场景，我内心都会感到骄傲、自豪，同时更充满斗志。因为我深知每一位三中老师的骨子里都镌刻"真·爱"的教育理念，厚植"真·爱"教育情怀，它如人生路上的一束光，指引、激励老师们勇毅前行，用匠心育人！陶行知先生曾经说过："真教育是心心相印的活动。唯独从心里发出来的，才能达到心的深处。"用心育心，三中的学子是何等的幸福呀！

慢慢地，我越发觉得三中初中部五象校区的设计独具匠心。我入职较晚，很遗憾地错过了新教师参观校园的环节，好在今年9月补上了。教学楼的整体排列布局、图书馆的吊灯中竟隐含了三中的校徽图标；历史工作室、美术工作室等的设计独具学科特色；教工之家的布局彰显学校对教职工的人文关怀。学校在教学楼的每个角落都放置了图书，学生可以随时借阅；在校道的展板上记载学校发展的百年历史；在教学楼的连廊上，学校还种上了爬山虎，它们努力向上攀爬的姿态，总是那么引人注目。微风轻拂，那满墙青翠欲滴的爬山虎如同绿色的浪潮，一层接着一层，摇曳生姿，好不惬意迷人。身处这样的校园环境，拥有这样兢兢业业的教师团队，作为学子又怎么会忘记心中的责任与使命——"为中华民族伟大复兴而读书"！

祝学校喜迎125华诞，再谱灿烂篇章！

梁丽英

三中情——收获

亲爱的三中：

  展信佳！

  今年南宁的秋天格外凉爽，邈远的天空，万里无云。这是我来到三中工作的第三个年头了。时光匆匆，如白驹过隙。短暂的一年班主任经历，让我有所收获。在我与2105班51个孩子相处的一年中，那些曾经的气恼、焦灼早已烟消云散，反而是孩子们甜美的笑容和他们对我的恳切祝福常常浮现。每每至此，热泪盈眶。我在与他们相处的过程中收获了很多。

  2105班是我当班主任带的第一个班级。即便我看了很多关于管理班级的书，但当真正面临实际问题时还是焦头烂额。

开学的前一个月，我都在手忙脚乱中度过。刚进入初中的学生还带着小学的习惯，每一件事情我都要亲力亲为，从头开始教导他们。即使是最简单的收作业，我也要反复教导很多次，才能让课代表把作业收得迅速整齐，更不必说其他各种事情。经常一下课，就会有学生跑来和我告状："老师，他拿我的东西。""老师，他说我坏话。""老师，我的东西不见了，可以帮我查监控找一下吗？"……班主任是51人的管理者，可管理的却是这些鸡毛蒜皮的小事。这让初当班主任的我感到力不从心。

不过在历经这件件小事之后，孩子们渐渐成长起来了。红歌比赛中，他们团结一心，展现自我。班服的设计与选定、班级文化建设、班规的制定，同学们都积极出力，建言献策。校运会的开幕式表演，是同学们自己精心设计的；班级耕读园从播种到收获也没有让我费心费力。我逐渐地感觉到，2105班已经形成了一个机制，班干部和同学们共同遵守这些规则，维护着班级秩序。

当然，这个过程并不是一帆风顺的，班里有几位比较有个性的同学，他们和班级其他同学相处经过了长时间的磨合。让我印象深刻的是班里的"四大天王"之一——小徐。

小徐来上课的第一天，一直在和周围同学讲话，我让他站起来回答问题，他答不出来，我便让他站着思考。他突然大声地对我说:"老师,我要举报你。"我笑着说:"好啊,你想举报我什么呢?"他看见我丝毫不变的神色,支支吾吾了半天也没说出什么来。我当时很好奇,是怎样的家庭能够教出这样把"举报老师"常常挂在嘴边的孩子。同时我也预感到,我和小徐的交锋,才刚刚开始。

果然,小徐上课说话、睡觉、随意离开位置,跑操时"玩失踪"在教室睡觉,课后骑电动车、打架、搬弄是非。一年当中很多让我头疼的"大事",绝大多是他和他的好朋友小黄引起的。我找他们聊天,和他们讲道理,让他们写检讨、为班级打扫卫生,但总是不见效果。小徐和小黄那副油盐不进的样子,让我十分头疼。班上同学们的抱怨,还有课任老师的投诉,都让我很心急。

一次,我看见小徐如往常一般趴在桌子上睡觉,我揪着他的衣领,把他叫了起来。可是他突然骂了一句脏话。我很是错愕,因为我知道,小徐虽然吵吵闹闹,但其实内心还是尊重老师的。虽然当时我的情绪有些激动,但我克制着上完了我的课。课后,我把小徐叫到了办公室,并联系了他的家长。他的母亲在电话里听我说完了事情的经过后,连忙赶来了学校。我在等待的过程中尝试着和小徐沟通,但是没有什么效果。由于当时处于新冠疫情防控时期,小徐的家长并不能进入校园,我们一起在校门口见了面。见面没聊几分钟,小徐的母亲泪流满面地告诉我小徐的家庭情况：小徐的父亲在小徐三岁的时候因为意外去世了。小徐和他的姐姐跟着他们的爷爷一起生活。妈妈工作繁忙，平时很少陪伴孩子，在两个孩子上了初中后才开始多花时间陪伴他们。小徐的母亲不断向我道歉，并且数落孩子的不是。小徐一边委屈流泪一边在旁边顶嘴："是老师揪我领子，勒住我，我难受才骂的。"我一时间觉得自己当时的处理方式确实也不太恰当，我马上向小徐道了歉。小徐的母亲却更加激动了："老师只是揪着你站起来，如果是我，我就拿衣架抽你！"她用手推搡着小徐，让小徐回教室收拾东西，并向我申请让小徐停课陪她一起上班，感受一下她的艰苦。我当时觉得他的母亲行为有些过激，也劝阻过，但是他母亲执意如此，我也不好阻拦。小徐和我道歉后和他的母亲一起离开了。

但我觉得小徐的母亲处理事情过于粗暴，可能并不能完全解开这个孩子的心结。果然，后来小徐和小黄因为我们班一个女生的流言蜚语跨年级打架，把别人的眼睛打伤了。虽然双方都有过错，但是对方伤得更重，所以当时也是联系了双方家长一起处理这件事。他的母亲，在处理完小徐打架的事情后，仍旧和我说要给小徐停课几天，在家自己教育。一连好几天小徐都没来上课。

后来，我找小徐好友小黄了解情况，小黄和我说，小徐想要加我QQ，并且转告我小徐他不想上学了。我问了小黄原因。小黄告诉我，小徐的妈妈经常打他，把他锁在家里，如果小徐表现不好，他妈妈就不让他来学校。小徐就想干脆就不上学了，去打工挣钱。

我想，其实每个孩子内心是渴望跟同龄人待在一起的。于是我和小徐用QQ聊天时就特意提到班级要举办以一个很有趣的活动，希望他来参加，最后他还是来到了学校。

我借此机会和小徐长谈。小徐告诉我，他小学五年级之前和妈妈的关系很好，经常想见妈妈，可妈妈太忙了，常常见不到，渐渐地他也无所谓能不能见到妈妈了。小学六年级以后，尤其是到了初中，他觉得妈妈特别烦，不想见到她。因为不论小徐发生什么事情，不论他怎么说，小徐妈妈总是认为他做错了，认为他在撒谎。而且他妈妈总是用一些过激的手段去惩罚他。他不愿意回到那个家，他姐姐也不愿意回家。所以有时候他会去朋友家住，却不告诉妈妈，这时候妈妈会到处去找他，找回来以后又责骂他、打他，如此循环往复。我看到小徐的眼泪渐渐流了下来。心想，这个孩子真的很可怜，他所做的一切其实是希望有人关爱、有人信任罢了。

我在管理班级的过程中常向班级的孩子传递的一种信念："学习成绩并不是最重要的，人品才是最重要的。"我在日常与学生相处时总是非常信任他们。或许正因为小徐能够感受到我对他的信任，他才能对我推心置腹，告诉我他的心声吧。

我引导小徐换位思考,告诉他:"母亲是最伟大的人,因为她是全心全意地爱你的,即使有时爱的方式不正确,但是她的出发点都是希望你能更好。"而且小徐的家本在一个小县城,为了让孩子获得更好的教育,他的母亲也是用全部积蓄在南宁买了学区房,供两个孩子读书。母亲是很不容易的。我必须引导小徐感受其母亲的用心良苦。

同时也告诉小徐,他的情绪是正常的,青春期到来,情绪波动大,产生叛逆心理,和父母争吵是非常正常的情况,老师小时候也这样。但是要学会如何处理这些情况,学会体会这份别扭的"爱"。

小徐的情绪渐渐地平静。我想他能够理解母亲的爱,他也格外地期待着这份爱。对小徐来说,他从小就比双亲健在的孩子缺少爱,所以他对母亲的爱是渴求的。但是小徐的母亲也不善于表达爱,用过激的行为管理孩子,起到了反向作用。所以我也找小徐的母亲聊了很久,虽然长久的教育习惯一时难以改变,但是他母亲也在努力改变。

元旦活动时,我收到了小徐和小黄送给我的两个巨大的松果。我看到小徐眼里真诚的目光,看到他在班级同学中灿烂的笑容。我忽然明白,做老师的苦与累,最后都会化作两颗果实——幸福与快乐。

蒋良琦

我眼中你的样子

亲爱的南宁三中：

　　展信佳！

　　又到桂花飘香、梧桐叶落的季节，这让我想起初识您也是在这样美好的光景中。我与您的缘分，从我在华中师范大学桂子山收到您给我的入职信开始。带着对教师岗位的热切向往与神圣使命感，奔赴这一程山海。时光如梭，于南宁三中七年，回首这一路，有领导的深切关怀、前辈们的倾囊相授、同事们的关心爱护、学生们的拼搏奋斗，这都是我眼中深爱着的您的样子。

　　以"真·爱"之名，行教育之路。初

进南宁三中大门,我便被一块巨大的"真·爱"石刻吸引。"真·爱"教育是百年名校在办学过程中逐渐形成的教育思想。何为"真·爱"?"真"即真与实,"爱"即严与爱。爱,是一切教育的基础。我记得我曾接手过一个新班级,在一次作业讲评的时候看到一个平时不怎么听课的孩子没带练习册。我说:"你怎么不带呢?"他说:"我忘记了落在家里了,老师你可以把你的练习册借给我吗?"我立即给了他肯定的回复,并把练习册借给他。后来,这个孩子毕业那天,给我写了一封很长的信。他在信中说:"老师您是我遇到的最好的老师,您是第一个不嫌弃我是个调皮捣蛋学生的老师,居然愿意把练习册借给我……"我想这就是"真·爱"教育践于行的成果吧,也许是不经意间的一个举动,也许是一句暖心鼓励的话语,也许是一个充满爱的眼神,于学生而言都是特别的。在南宁三中的校园里,这样的事例不胜枚举,"真·爱"教育早已深入人心,并

让我们将其化为行动，呵护着学生们的心灵，滋润着学生们的成长。

  崇尚一流，追求卓越，是南宁三中的办学特色，我觉得这也是南宁三中教师成长的目标。翻开南宁三中教师的履历表，随处可见"名师""专家""领跑""一等奖"这样的标签，这是一支实力雄厚的师资队伍，他们是我们青年教师仰望的高山，是鞭策我们前进的动力。在南宁三中的校园里，夜空下是一间间明亮的办公室，是老师们在备课、教研、面批、备赛、备考的身影，是永不懈怠的三中人。在学校"青蓝工程""三级名师"等活动促进下，在前辈们的引领下，我不断听课学习，我不停教学研究，我不忘教研思考，希望有朝一日我的名字也能配得上南宁三中的名字！

  学术引领，育人先锋。黄河清书记说，"学术引领"是基于南宁三中"十四五"时期实现高品质教育发展目标的重要战略——建设一支"师德高尚，学术拔尖"的教师队伍，提高教育质量；"育人先锋"旨在为党育人，为国育才。为此，南宁三中开展了"共产党员先锋岗"创建活动。在活动中，一批批优秀的党员教师在学术上不断突破新的高度，在教学育人上不断取得新的佳绩，勇于担当，敢于担责。作为党员教师，我积极发挥了先锋模范作用，参与了靖西民族中学、江西中学的支教帮扶活动，积极申报了课题研究，参与了社区服务……我深知，自己与优秀的党员同志还有很大的距离，道阻且长，我会继续努力，争取成为与前辈们一样优秀的党员同志！

南宁三中，就像一座灯塔，指引着热爱教育的航行者坚定地向心中的教育理想国靠近。桃李不言，下自成蹊。在以后的教育生涯中，在南宁三中的引领下，我定会捧着一颗真爱之心，奉献在这三尺讲台，为党育人、为国育才，奋斗终生！南宁三中，感谢您给予我们成长的舞台！

祝愿南宁三中华章永续，年年桃李，岁岁芬芳！

杨爱丽

将幸福定格

亲爱的三中：

您好！正逢您迎来125周岁生日之际，我记忆里关于您的幸福画面不断涌现，犹记得那年激情迸发的篮球赛。

您还记得吗？那是一个夏日的午后，天气炎热，空气中没有一丝风，校园里的树木都无精打采地耷拉着脑袋，仿佛下一秒就要被晒融化了一样。突然，广播传来的声音打破了此刻的沉寂——"请通知到的班级，马上到室外篮球场集合，我们今天下午的篮球比赛如期进行"。话音刚落，安静坐在教室里的学生终于按捺不住了，他们齐刷刷地冲出了教室，奔往篮球场，像极了久困樊笼的鸟兽,刹那间重获自由。

本来,我对此类运动并不是特别感兴趣,就算是在室内,也还要斟酌一番,更何况是在室外,想必经太阳炙烤过的篮球场一定更热。想到这,我更卖力地埋头批改作业,想着能早点下班,用一杯清爽的冷饮来犒劳自己。一声"老师"将我飘远的思绪拉回,我从作业堆中抬起了头,哦,原来是他,我的语文课代表!两年的校园生活,让他逐渐褪去了稚嫩,五官稍显成熟,带着大男孩的气息。

他满脸真挚地问我:"老师,等会是我们班的篮球比赛,我来邀请您去观看,您要来吗?"我有点惊喜,又有点诧异。"好呀!等会比赛开始,我马上过去。"我的回答,似乎让他有些高兴,帅气的脸上露出一抹不易察觉的害羞。那就去凑凑热闹吧,切身感受一下属于他们的青春氛围。我放下手头的工作,跟着他去往篮球场,心里隐约有了一丝期待。

来到篮球场,人真的是很多,像在隆重举办 NBA 一样。我环顾四周,找到了我们班所在的位置,并向他们送上我的鼓励。原来,我的语文课代表是主力啊!他和其他球员朝我走来,开心说道:"老师,等我凯旋,一起拍张合照吧!"午后的阳光从他身后洒落下来,映衬在他身上,温柔和谐,就是这么轻轻的一句话,似乎给这个篮球比赛留了一个期待。比赛很快开始了,我的目光也不由自主落在了他的身上。不得不说,赛场上认真专注的他,确实跟课堂上完全不一样,就好像来到了自己的主场,游刃有余。其他的小伙伴也一样,他们来回奔跑,完美配合,与对手过招也绝不怯懦含糊。比分逐渐拉开,场内急促的拍打篮球声与场外高涨的欢呼声相互呼应,将比赛拉向高潮。只见一个三分球正中篮筐,哨声相应而起,比赛结束了。我们班赢了!我同他们一样,欢呼雀跃,沉浸在胜利的喜悦中。这时,肩膀被轻轻拍了一下,我回过头来,还是他——我的语文课代表。他满头大汗,微微喘着气,说:"老师,我凯旋了,我们一起拍照吧!"我内心大喜,止不住的笑容洋溢在脸上,忙祝贺道:"恭喜呀,得了冠军,最后那个三分球真是精彩。我们一起来拍张合照吧,纪念一下!"最后,在热心同学的帮忙下,我们有了第一张合照,照片上不仅有我和他,还有班上的其他同学,我们的脸上都挂着一样灿烂幸福的笑容。

我想，这次篮球比赛，真的是来对了！我认识了不一样的他们——我在课堂上不曾见过的他们。他们不似在课堂上般沉闷寡言，他们更加自信了，更加活泼了，也更加懂得了团结与拼搏。他们身上洋溢着青春，散发着热情，张张笑脸在午后的阳光下显得格外耀眼。我仿佛看到了过去年轻的自己，那个穿着校服在操场上笨手笨脚运球的自己，虽略显青涩笨拙，却青春快乐。他们的青春，是火红的旭日，是竞发的百舸，是搏击长空的雄鹰。

直至现在，我仍时常从相册里翻出这张合照。幸好啊，当时拍了这样一张照片，那一刻的幸福，属于我们在场的每一位。那场比赛的一帧帧画面，烙印在我的脑海里，永远永远……

马巧仪

致2013年那场校运会入场式

2013年校运会：

　　见字如面。阔别9年，我却依然清晰地记得你的样貌。你承载了我初为人师的美好回忆，记录了那群青春可爱的三中少年……

　　"珑姐，今年我们校运会的目标是再上一次报纸头版！"或许是秋风里少年这句犹在耳畔的誓言太过振聋发聩，或许是那双如星光晶亮的双眸映入我心，我当时毫不犹豫地加入了他们的计划。那是2013年的秋天，我入职的第二年。

　　过了几天，少年问："珑姐，你有多少斤？"我心里怎么有点突突呢？……

又过了几天,少年再问:"珑姐,你有白色长裙吗?"

再过了一天,骆耀艺眉飞色舞地献宝:"珑姐,你的20米白色绝美长纱我们从交易市场买回来了!"

入场式的前一天早上,我在课间看见他们在走廊捣鼓长纱。他们居然打算将长纱直接裹上身制作长裙。所有的道具都是他们一点一点自己做成的。"看,我们纯手工打造的入场式精灵服饰!"一旁的莫宁宁邀功道。我翻看一组一组道具成品或即将完工的半成品,心中大为震撼。我知道我们班的学生很厉害很执着,但是没想到他们的手艺如此精湛。陆柏宇还递过一支"金杖"说:"你的女神权杖,为了爱与正义!"这仪式感和代入感一下就拉满了。看着用纸皮和扫把杆做成的高还原度"金杖",我想这就是他们风华正茂、不负热爱的青春注脚。

他们再三强调晚饭后要我务必到小广场看他们彩排,并将几样大型道具从宿舍搬出来。

我吃完饭时夜幕已降临。暮色里,小广场上黑压压的一片,我一数发现竟然全班人员到齐。他们每组人排成一列,举手投足都是入戏起范的姿态。

"珑姐来了!"有人看见了我,并把我引到中心位介绍:"这是你的专属'战车'!"我看了一眼中间还带缝的床板,沉默了一瞬。与我对视的骆耀艺应该是解读出了我眼中的疑惑，主动给我解释道："黄倩他们两个到时候也在床板上，在后面两侧帮你拎裙角，我们挑了班上最轻的2个女生。他们都是4个男生扛着，珑姐你有6个。"我看了一眼那一块用来彩排的床板，盘算着从男生公寓扛出来怕是不容易……然后我低头默默看了一眼脚上10厘米高的高跟鞋。

扛床板的郭凯觍着个笑脸凑过来说："放心，很稳的，我们保护你！"不知道是当时刚亮起的灯光晃了眼，还是旁边赖家祎轻念"相信我们！"太真诚，我虽明知未万事俱备，也无铠甲披身，却依然愿意陪我的少年们剑指天涯。

他们依次蹲低，让床板形成一个倾斜的坡面让我上去。我轻轻地挥退了伸过来扶我的手，送上一个信任的眼神，自己坚定而从容地走上床板站定，6个男生稳稳站直，齐步前行。这默契与相互信任让我动容。

入场式当天，少年们在百米入场道上步伐坚定。

那60尺气势恢宏的长纱,被风一吹便漫天飞舞,缤纷了整片天空。

那"56+1"颗誓要圆梦的心,同写奋斗的意义。

那6位男生稚嫩但坚实的肩膀共负重担。

那3.5米的全场最高入场式造型,如星光闪耀,诠释青春的活力。

那一句"相信我们!",在那以后无数个加班的夜里成为我前行的动力。

原来与志同道合的人一起奔赴梦想是这样美妙呀!或许正是彼此的信任、真诚与热爱让我们变得无畏,变得无往不利。可能这就是刻在三中师生骨子里的真与爱吧。

刘　珑

卷二 ◎ 学子吟

1897

「百年名校正青春」

给母校的情书

永远敞开的家门

亲爱的母校：

蓦然回首，我已从南宁三中毕业3年多了。依稀记得，初到五象新区的时候，路旁只能见到稀疏的绿化植物，路上来来往往的都是工程车，黄沙漫天飞舞，盖过了路边那点绿色。经过一个个嘈杂的建设工地和一段段正在完善铺装的大道，一座崭新的校园出现在我眼前，这便是我即将度过重要3年的地方——南宁三中五象校区。

在入学一年后的文理分班中，我被分配到了10班。10班是一个拥有56人的温暖团结的大家庭，班主任是一个热爱运动、开朗大方的数学老师,我们亲切地称他为"成哥"。10班,是一个承载着我许多珍贵回忆的地方。

运动会上,那代表"战无不胜"的蓝色班旗飘扬在操场上空,粉白色的班服是我们力量的来源。我们有着全校跑得最快的短跑四人组,每一年 4×100 米接力赛的金牌就是我们最好的证明;我们有着最强的篮球队,赛场上师生队友间那一次次妙传总是会让我们欢呼叫好;我们有着最团结的排球队,球场上那一次次漂亮的扣杀总是会紧扣我们的心弦;我们有着最坚韧的足球队,飘落的小雨和草地的泥泞都阻挡不住我们进球的决心。

教室里,每天清晨都会准时传出我们整齐的朗读声。虽然数学、物理像是那晦涩难懂的天书,但是老师们仍耐心地将"天书"内容解释给我们听,并让我们掌握其中的知识要点。放学后,有的同学会马上从教室里消失,出现在通往食堂的小路上;而有的同学则打开电脑,在教室里看起了英语老师推荐的英语影片;还有的同学仍盯着课本,沉浸在上节课老师所教授的知识之中。

若要问高中生活里什么最令人难忘,是那课后体育馆里的羽毛球赛和游泳接力赛,是那为了食堂的烧鸭、汤圆而奔跑的身影,还是那宿舍里打闹的欢笑声?这些都是。不仅如此,还有许多专属于我们10班的记忆:运动会入场式上我们整齐响亮的口号,课本剧比赛中我们穿着古装演着改编的《红楼梦》;跨年晚会上我们一起经营售卖章鱼小丸子、寿司的小摊,朗诵比赛后我们穿着白色汉服的合照;体育课上我们在泳池里卖力划动的竹筏,微电影节上我们为拒绝校园暴力而拍摄的电影,即将毕业时我们穿着古装走过成人门的成人礼,在泼水节上我们那一盆盆泼向老师同学的水……

还有许许多多难忘的回忆,然而最珍贵的是高三学习紧张的时候,老师们在走廊里为我们一直点亮的灯;是同学生病留校时,成哥送来的药;是在冲刺阶段,老师对同学们的谆谆教诲;是高考时食堂送的"高粽";是高考后大家在教室里愉快的闲聊;是毕业时与老师的合影……

转眼之间,我已毕业数年,可是回想起来,这些片段就好像昨天才刚刚发生。南宁三中对于我来说就像是个大家庭,而10班就像是个小家庭,我们都是那其中的一员。毕业时,班主任对我们说:"你们永远是三中大家庭中的一员,三中的大门永远为你敞开。"是的,家门永远为我们敞开!

农潇宁

我的梦想从这里启航

我的母校:

　　岁月流逝,时光荏苒。回首间,我离别母校已有4年之久。

　　作为南宁三中五象校区的首届学生,我对母校的情感厚重而又绵长。犹记得那年,校园道路两旁的树还未开枝散叶,社区居民楼的灯火远没有现在通明。那时的我们,脸庞稚嫩,条件虽艰苦,却永远不缺欢声笑语。

　　高中三年漫长而又短暂,现在回忆起来,确是人生中浓墨重彩的一笔。在这里,我们懂得了珍惜,学会了坚强,收获了自信。初入三中,我不明白"真·爱"

教育理念究竟体现在哪里。但随着时间的推移，我看到爱蕴藏在师生之间的深厚情谊中，爱隐含在同窗之情中，爱体现在老师辅导学生时的叮咛中。

在这里，我获得了全面发展。贾平凹曾言："人的一生，苦也罢，乐也罢，得也罢，失也罢。要紧的是心间的一泓清泉不能没有月辉。"故我们要追寻心中的明月，对着自己的心灵招兵买马。一个人至少要有一个梦想。你若想追寻心中的梦想，南宁三中愿为你搭建一个平台；你若热爱运动，便可以在校运会挥洒汗水，展现体育精神；你若热爱艺术，便可以在红歌会、跨年晚会上与美邂逅；你若热爱科学，便可在通用技术课和校园科技节中探索科学世界的奥妙。坦白来说，我中考考入南宁三中的成绩并不理想，但学校为我们提供了个性化的培养方案，营造了浓厚的学习氛围，恩师们也从未因我们请教问题而不耐烦。因此，我从未觉得高中三年有多么难熬，只是朝着自己的方向，坚定地在努力着，最终也收获了自己想要的结果。

作为2019届毕业生，从母校获得的知识与能力使我在四年的大学生活中获益匪浅。凭借南宁三中这块坚实有力的踏板，我考上我心仪的学校——华东师范大学，并且进入了我梦想的历史学系学习。在梦想与现实交织的时候，我更怀念在南宁三中所走过的路程。如今，每每回想起在校的那段日子——老师的谆谆教导、同学的互助友爱、浓厚的学习风气、丰富多彩的课余生活……这些不但成为我记忆中的宝贵财富，也成为我在大学中学习、生活的技能来源。

很幸运，我获得了来到南宁三中实习工作的机会。从学生到实习老师的身份转变，让我既兴奋又紧张。初次以教师的身份进入校园，我不断思考自己的目标与责任。怎样成为一名老师，这或许是一个需要我用一生去不断探究的命题。我到现在才体会到从前听过的每一节历史课是多么的珍贵，体会到一节课从备课到上课再到教学反思有多么不易。

万事须己运，他得非我贤。青春须早为，岂能长少年。每个人的青春都是一本独一无二的诗集，作者只能是自己。盛年不重来，一日难再晨。及时当勉励，岁月不待人。我的梦想从这里启航，在南宁三中成长的经历将成为我终生珍视的财富。

谁言寸草心，报得三春晖。作为已经顺利毕业的无数"南三人"中的一分子，我祝愿学弟、学妹们努力拼搏，学业有成！愿校领导、老师们身体健康，万事如意！古韵新风相辉映，文脉相承育新人。时值南宁三中125周年校庆之际，愿母校薪火相传，再创辉煌！

张映萍

得遇良师,三生有幸

当我们回忆起在校时的一切,我们会想起什么?

不同的老师身上有着不同的色彩,良师益友,益友良师,课堂亦是人生讲堂。

生物老师扬林平日里总是一副从容松弛的模样,我们考得差他不生气,考得好他也不见得特别开心。上课时他手里总拿着一个幻灯片翻页器,重点和非重点标注得一目了然。他总跟我们说,不管是考试还是生活,应当松弛一点,不用跟别人比,跟自己比,每天进步一点点就行了。

他还拿自己举例子。他当年高中复读,是一个典型的后进生。但是他下定决心要拼一把,每天早上五六点一起床,就开始埋首在课桌前苦读,常常晚上十一二点方回到宿舍,因为要补学的东西实在是太多了。他说:"我几乎是晕倒在床上的,但是很奇怪,第二天一早还是能爬起来。"

靠着这种韧劲,他成功地考上了大学。大学毕业后,他在一个小城市踏踏实实教书,因为教学成绩优异,最后被聘来三中给我们上课。他戏说自己是一个后进生,在给一群优秀学生上课。

他上的课我们听懂了。

成功的路太多,每个人只要做好一件事足矣。

物理老师珑姐非常漂亮,是我们一群小屁孩心目中的女神。她专业能力强,还保留着一颗少女心,自己偷偷在工作牌上夹了个"小公举"("小公主"的谐音)。

据说她是北京师范大学毕业生中的优秀代表。课堂上,她写得一手好板书,物理模型的和谐与美感在她手底下被展现得淋漓尽致。虽然我对物理不感兴趣,但是也不得不承认,上课看她的板书是一种美的享受。

数学老师国亮本人酷爱踢足球。有一次他为了劝我们好好学习,尽量"走出去",说他之前去广州看球赛,球场可大了,球迷球员阵容豪华。"你们还是要尽量走出去看看,广西还是太小了。"他说。

说话时他望着窗外的天空，不知在想些什么。于是我们也望着窗外。

晚上八九点我们老老实实在教室自习，他们一群老师在足球场上奔驰。虽隔了一整个操场，他们进球的怒吼声和欢呼声也能清晰地传到教室里来。第二天上课，发现老师声音都哑了。

语文老师阿钟喜欢捧着课本表演诗朗诵，我们也喜欢听他朗诵诗。他的肚子里面似乎藏有很多很多的故事，上课随意抛出一个分享就够我们咂摸良久。

他的课不仅仅是让我们记忆那些古文的翻译和词语用法，他用他的话给我们构造出了一个古色古香、流光溢彩的世界，里面有孔雀东南飞的眷恋，有大鹏扶摇直上九万里的豪迈，更有廉颇老矣的无奈。

人生百态，尽在一本薄薄的语文课本里。

化学老师阿朱是个在学校待了几十年的"老江湖"。阿朱上课从来不用看书，按他的话来说，教了那么多年，书上有什么子丑寅卯他门儿清，一支笔一块白板，直接就能开始上课。

一大把年纪了，阿朱却喜欢在课上秀恩爱。譬如有天他感冒了，鼻音很重，他解释："因为夫人半夜抢我被子，起床了还不承认。"于是课堂上响起了一片嘘声，大家不约而同地从课本上抬起头。阿朱这时却微微含笑,摆摆手:"唉,不说了。"

真的不再说了吗?

时光荏苒,多么想再回到高中,再听老师们最后上一次课。

但也许老师们早已在3年的时光中,把要说给我们听的话都说完了。从此山高路远,他们给我们披上了思想的羽翼,看着我们高高地在空中飞翔。

得遇良师,三生有幸。

黄雪韵

纸短情长

致我最最亲爱的三中：

  你好！

  祝贺亲爱的你迎来了自己的125岁生日。在这个非常具有纪念意义的节点，我想给你写一封情书，想告诉你我在与你相识的这一年多里，我对你的爱。

  如果一定要用一个词来形容你，我想是"希望"。我坐在书屋里，躺在操场上，在楼梯边看过很多次日出，我一直觉得早晨的你是最美丽的，红砖白墙，早晨金灿灿的阳光就这么洒下来，万物被蒙上金色的面纱，仿若人间仙境。被楼挡住的晨曦，巧妙地钻过窗户，透出点点光斑，活泼且极具生命力,好像我待在其中,也会像它们一样闪闪发光,既明媚又大方。身旁是同学小声的背书声,抬头就能看到红日初升,打破云层,照亮世间。请原谅我被落在手上的阳光分了神,它透过你的窗户,就这样落在我的手上,那一刻,我仿佛抓住了希望,抓住了光。

哪里都有朝阳,明明是一样的光,但在你身边的时候,我所抓住的似乎就是我未来的理想,我似乎就更具生机。

我在你的操场上奔跑,我在你的行政楼穿梭,我站上舞台主持、朗诵,我拿下校运会800米比赛奖项……有那么一瞬间,聚光灯照在我身上的时候,我感觉自己真的会有一个很灿烂的未来。这是你给我的荣光,是你给我机会展示自我、自由生长。

你于我而言是压力,更是动力。小的时候我就知道三中,我知道那是广西顶尖的中学之一,在我踏入你的校门瞬间,我感觉无比骄傲。我已经成为你的一员,希望将来有一天,我也能为你摘得桂冠、赢得荣光,我想优秀起来,让别人通过我看到你。

优异的环境总伴随压力,但学校的操场总是给我很多安慰,当我漫步在跑道之上,旁边是仲夏夜温和的晚风,脚边草地稀疏的蛙声和不知从哪棵树上发出来的细碎蝉鸣,一切都那么祥和安静。这片宁静轻轻拥抱着我,安慰我的不知所措,催促我跑起来，就这么把烦恼丢到一边。

  我该怎么与你诉说这两年间你给予我的无限眷恋？请让我用往后的岁月来证明，我定将通过我的努力为你画上辉煌一笔，让我折射你的光辉，去照亮更多人。

  你永远是我最亲爱的三中。

黄潇雨

求学小事

我的母校：

　　想来离开三中已经有四年多了，但每每回忆起在三中的生活就好似还在昨天。作为南宁三中五象校区的首届学生，我当时揣着不安的情绪走进校园：新校区会不会没有完善的设施？会不会没有资历深厚的老师？当真正进入学校后，我发现当时所有的忧虑都是多余的。学校有附带着独间小书房的教室、温馨宽敞的宿舍、配套游泳池的体育馆……堪称南宁市设施条件最好的学校。毕业后，我常常想是不是因为住过母校所以才很难再接受其他学校的住宿条件。母校从不让我们为基本生活需求担心，只想我们住得舒心。

　　起初，我也曾在知识的苦海中备受折磨，一千名开外的排名让我怀疑自己到底是不是读书的料。我曾早上五点起床站在宿舍阳台，对着寂静空旷的操场背诵《再别康桥》，也曾从教室踏着闭寝的铃声飞奔回去。尽管这样废寝忘食地努力了大半学期，我的成绩还是不尽如人意。当时就像处于低谷中无法脱身，我放弃了自己，但我没想到老师并没有放弃我。她请我去办公室"喝茶"，我心想：糟了呀，这次月考成绩这么差，她该不会要批评我最近学习松懈了吧！结果她和我说："不必如此沉迷学习，该去玩的时候就去玩！"后来，我渐渐养成了不管当天学习任务多重，下午放学我也要去操场玩的习惯。跑步时大脑分泌的多巴胺在我体内传递的兴奋的信息，不仅减轻了白天学习的疲惫感，也为我晚自习的学习积蓄了能量。我才明白学校安排课间跑操的初衷。我慢慢地放开了自己，不再将自己当成只会学习的机器。我参加了各种社团、校运会、泼水节，以及元旦通宵晚会的摆小摊活动。在参加这些活动的过程中我找回了自信，发现了自己的很多的优点！比如我乐于和人沟通，遇到问题喜欢立刻解决。我成了晚自习坐在教室外答疑的老师的常客，也是老师办公室的常客。我喜欢和老师一起分析我的每一次考试。老师们没有放弃过我。没有他们，数学、物理曾只考十几分的我怎么会考上现在的学校!三中作为"英雄争霸赛"的选手之一,并不会压着学生坐在教室自习,相反她会举办很多活动,让我们从各个方面体会到成长的快乐。三中的老师不仅仅是传道授业解惑的教师,更是我们成长过程中的心理疗愈师,他们引导我们追求更好的自己。

说起在三中的日子,就算畅谈三天三夜都说不完,只觉得一想到"三中"二字就觉得开心。三中还是停留在记忆中的模样,变的是一批又一批接受了老师如甘露般的润泽后,不断成长为更优秀的社会栋梁的学生。爱你,我的母校。

三中学子

风知道答案

南三的风：

　　你好！

　　开封的秋天和南宁的冬天一般寒冷。半夜抵不住舍友的热情相邀，无奈中带着一点期许般的好奇草草穿上大衣，顶着寒冷的夜风走在月光下的校道上。

　　大学的校园内，一切事物都是那么的大，像一所放大版的高中。夜晚的大学并不像高中那般空荡荡的，反而充盈着青年的躁动与激情，看不见的火光四处冒起，释放的热情让人几乎忘却寒风的凛冽！

　　一路上我和舍友也没有闲着，两人谈天说地。我是南方的孩子，在对话当中深刻意识到了南北差异之大。聊着聊着我们谈到了各自的高中，我的话语在我不察觉间竟多出一丝自豪。"我的高中可是我们那数一数二的！"这样的话在外人听来确有一丝自吹自擂的意味，可每每与他人介绍时，这份自豪感或多或少都会从我的心底不经意地涌现出来。

换作是三年前，这种自豪感是绝对没有的。人们常说总在失去后才会珍惜，总在离开后才会怀念。年少轻狂的我真正和过去三年说再见时才深感那句道别的重量！

寒冷的晚风再次吹来，我一下子打了个激灵。对于北方人而言算是温和的秋风，却让我感觉和南宁的冬风无异。

风里除了寒意还可以承载许多许多的东西……

晚风萧萧，那寒意竟和一年前是那么相似！

刹那间，斗转星移，时空跃迁，我一下子回到了那个冬天的晚上。在空无一人的校道上，我顶着寒风向教室走去，听着耳机里重复播放的轻音乐，内心却焦躁不安——离高考越来越近，我对自己越来越没有信心。当时的我绝对不会想的一年后的自己竟对这段痛苦的记忆如此怀念。

更早些的时候，风吹起的是校运会上我们班自制的班旗——它是我在楼下班级同学的热心帮助下完成的自己人生中第一幅意义重大的作品。我喜欢看它被风吹起来的样子，只有那时它才是最美丽的。在班旗的飘扬下，在最后一届校运会上，我们在这个永远长不满青草的大操场上欢享着最后的盛宴！

而三年前，我第一次站在五象校区的校道上，南宁三中的晚风第一次吹过我的身旁，带来了青草的芳香，那一刻它就悄悄地在我身上印上了它的记号。一同吹来的还有穿越百年历史的陈香，在那一刻，我感到这所百年历史的校园接受了我。

三年间，高兴也好，伤心也罢，从太阳升起到月亮落下，南三的风从东南西北吹来，吹干了我的眼泪，轻吻着我的微笑。南三的风在春天吹开了围墙的三角梅，在夏天吹去了操场的热气，在秋天吹散了道路上的落叶，在冬天吹来了新年的钟声。

一年三百六十五天，南三的风伴我前行，见证着我的到来，目送着我的离去，它看我奔跑追逐，看我偷懒歇息，看我奋笔疾书，看我匆匆走过……这百年间，它又伴随着多少南三的学子走过一个又一个三年？又目送了多少感人的离别，见证着多少动人的重逢？

这股风自千年前吹起，它穿越时空，与无数学子相遇，与我相遇，未来也会与更多的青年相遇。当他们像我一样伫立在校道中央看着人生的岔路口时，当他们像我一样迷茫不前、惶恐不安时，当他们像我一样还不明白离别意味着什么的时候,这股风,这股吹了千万年的风啊,会悄悄从他们的耳旁经过,告诉他们一切的答案,并将他们的情感回忆一并带走,继续它跨越时空的旅途。

无论我走到多远,这股风总会追上我的,总会在我要遗忘时悄悄地提醒我在南三这三年来特殊的回忆,唤醒我藏在心中深处最难割舍的情感。

就像现在这样。

风的味道是不会改变的。对我来说,对于每一位已经漂泊四海的南三学子来说,无论我们身在何处,当风再次吹起时,我们总能回忆起那专属于我们和南三的独特回忆。

或许在未来,我们中的一些人会随着这股风回到南三的校园中,到那时,我们也会化成它的一部分,传承它的情感与精神,像吹散蒲公英一般,向我们的学生们传递我们对这个学校真挚的情感,就像当年的我们坐在教室里,听我们的老师对我们的谆谆教导一般。

何宏宇

滋兰园，我有一点想你

亲爱的滋兰园：

三年不见，展信佳。

你最近过得怎么样呀？你还记得1610班和1605班吗？你还记得我吗？

三年前我匆匆离开，没有好好与你告别，心里像有个洞，填上什么情感都无法舒坦。这便是遗憾吧。现在正借着这一纸情书同你说着话，思念早已超越时空之隔径直奔向你。

有些话现在就告诉你：滋兰园，我有一点想你。

多么幸运，我是落入你怀里的第一捧兰种之一。彼时你也是年轻而崭新的知识乐园，我们惺惺相惜，像伙伴一样一起努力。

滋兰园，离开你的第一年，我很想念你的风景。白天，你静静地欣赏蓝天白云和晚霞。夜晚，我看向教室的窗外，你装饰了我的窗台，装饰了我的梦。滋兰园，你的风景拼接成了一部电影。我想你，想长廊上有同学读书的场景、楼梯间同学互相问候的画面、花圃旁同学弹吉他的歌声。我也在这故事里，遇见好多有趣的灵魂，获得弥足珍贵的友谊和值得铭记一生的师恩。

滋兰园，离开你的第二年，我想念你的声音。楼下廊道上挂着的祝福牌或心愿牌在清风的吹动下互相撞击，发出悦耳的声响，真是好风凭借力，声声上青云。你听到知识的声音了吗？数学的声音强而有力，语文的声音亲切可爱，英语的声音令人动容，政治的声音使人慧敏，历史的声音如南风薰兮，地理的声音温柔而可亲……

滋兰园，离开你的第三年，我想念你

的味道。做题做不出的苦，班级课本剧、诗朗诵比赛没有拿到理想名次的酸，为了尝试运动会跳高崴脚的辣，因为不甘心落下眼泪的咸，还有未能理解心意与渴望的怪，以及各种味道杂陈。我还记得，红歌赛操场草地的香甜；元旦通宵晚会在众花灯中找到自己小组的作品，听人夸赞时，心里美滋滋的甜。我还记得，看到文科班女篮、文科班男足赢得一场又一场比赛的甜。我还记得，高三能和同学们一起打气排球、在游泳馆参与水上集体项目，大家并肩作战的甜。我还记得，重逢初中旧友的甜；收到爱心信使带来远方问候的甜；心结打开做了个美梦的甜……

滋兰园，那你会不会有一点想我们呢？

你会想念有我们的风景吗？红歌赛上1610班咏唱的《映山红》，还有同学们的笑容；运动会上为了传递接力棒而疾跑的20人，还有一旁不断呐喊的同学们；教室里一张张美丽的板报和书法，还有一排排书柜；我们埋头奋笔疾书，疲惫犯困时跑去厕所往脖子上拍拍水的场景……你会想念我们的声音吗？军训阅兵时1605班穿透力极强的口号声、跑操时的脚步声；班会上同学唱起《因为刚好遇见你》的悦耳歌声；运动会开幕式的雨声里，1605班的同学们跟着歌声挥舞着应援棒的呐喊声；还有高三为仙气满满的舞蹈而排练已久的鼓声……你会想念有我们的气息吗？2019年4月27日我们打水仗的欢腾；5月26日我们为毕业歌会燃放的烟花；6月6日我们因旌旗猎猎、战鼓咚咚而斗志昂扬……还有6月8日，1605班全体成员书写的请假条，那是我们与你告别时将说未说的"再见"。

滋兰园，这些会不会让你有一点想念？

滋兰园，我有一点想你。感谢你拥抱了我最好的年华，你的温暖包裹了我的余生，我知道那是母校还有恩师们的功劳。母校投我以风清雨润之滋，立德树人，我报之以幽兰馥郁，做祖国之栋梁。亲爱的母校迎来了125周年的生日，希望你能把我的祝福送到母校身边，祝可亲可爱的母校生日快乐，祝福母校越办越好！

滋兰园，落笔至此，我发现我不止有一点想你。

唐小丫

给三中的信

亲爱的三中:

展信安!此时的我,正在遥远的北京,叙写满怀的关于三中的回忆。

相思愁,别离苦,泪沾襟。终于明白为什么每一个身处异地的三中学子,都对那个自己曾奋斗过的地方感到怀念,甚至想着重回高中生活,再当一次三中人。因为那是真真切切值得怀念的美好。

回首过去,高三的我们披星戴月、风雨兼程。奋斗、拼搏,这短短几个字,在当时的我看来既催人奋进,又使人茫然无措,不知前路在何方。前路漫漫,求索不息,奋斗不止,是淌在三中人血液里的信念,也最能激发我的思乡情。因为只有你,才能铺就这样学习氛围浓厚的求学路。蹒跚在路上的莘莘学子,被你关切,被你拥抱,被你祝福。现在想来,是你的陪伴才让这路上的风雨少了、学子脚下的路平坦了。我想不管过了多少岁月,每当回忆起你,我都会油然地感动:感动于激情迸发似战友的每一位老师,是三中老师给予我力量在茫茫大雾中寻前路,也是他们温情脉脉地挺立在我身后,给予我直面失败的勇气。感动于和我并肩作战、永远热血的2019级同学们,是大家共同营造了拼搏苦干的学习氛围。那段相互帮助、相互鼓舞的岁月啊,是我的青春。感动于厚德载物的母校,是你这光芒万丈的灯塔,点亮了我和无数学子的人生。犹记韦校长的几番演讲,让我仿佛吃下定心丸,渐渐消除对高考的恐惧;犹记高考路上,老师为我们保驾护航,鼓舞士气;犹记那个刚考完数学失魂落魄的下午,黄书记的一通广播振奋我心,让我获得慰藉……难忘你,难忘你爱的他们。

  难忘从你身上得到的美好。因为有你,我经历了终生难忘的成人礼。那一天,大家仿佛不再是一个即将要高考的高三学生,而真正变成了一个大人。我幸运地和校长、书记并排一路走过成人门,照片还被刊登在《人民日报》上。当时我心想,如果没能考好,这也算是我和你相遇的证明。临近高考,我们得到了个人专属定制的可乐,聆听了为我们准备的考前动员。每一位课任老师都来了,他们用自己的方式来为我们护航。教室外头是连绵黑夜,而里头却是无边温暖。那一夜,我才真正意识到我很快就要和你分别了。那瓶学校特别定制的可乐,是给我们的分别礼物,我一直把它留到了现在,和高中时期积攒的一大摞笔记放在一起。这些大的、小的、有形的、无形的回忆,都是我们曾经美好的证明。

回看当下,进入大学远离故土的我才懂得珍惜你的美好。我和你的过去或许远没有现在想来的完美。在艰辛的高中求学路上,我和你的相处并不融洽,我有过埋怨,有过不解,甚至想着日子再快一些,我好快一些离开你。如今长大了,我却只想念你的好,想着那时候的日子再慢一些多好。初入大学的我,还不能适应一个真正自主的环境,还不能真正独立成长,但只要我想着你是怎样拼命地把我送往更高的学府、更好的前程,我就会充满一些力量,就会想要努力向上,朝光的方向

奔跑。

　　感谢你，感谢你的一切，感谢你对我们深切的爱。你的美好我将用一生铭记。我将以三中一个普通校友的身份，将独属于三中的美好传递给更多的人，传承三中人的担当。这是我唯一能为你做的了，亲爱的三中！

　　祝三中桃李天下，芬芳满园。祝学弟学妹前程似锦，一帆风顺。

雷怡珊

横幅有梦

亲爱的南宁三中：

我已踏上新的人生旅程。在您一百二十五岁生日来临之际，我想以"横幅"这一独特的校园文化元素为主题，向您表达我的感谢之情。

时光匆匆，岁月流转。我将时钟的指针逆时针回拨，缓缓将记忆带回从前。坐上开往过去的火车，找到过去的故事。

三年前，我怀着无限的憧憬走进南宁三中，拎着大包小包，拖着重重的行李箱走在校道上，我用心感受着南宁三中的一切。抬眼看到宿舍楼下的横幅写着的"新起点　新征程"，引发了我的思考：我的高中生活应该是什么样的呢？开学典礼上，升旗台前挂着的开学典礼横幅仿佛在认真严肃地告诉我："作为高中生，应该要担起身上的责任，努力学习，力争上游。新起点会有新挑战，希望你在高中三年里奋发向上，成为更好的自己。"横幅崭新亮丽的颜色，激起了我对未来生活的期待与遐想。小小的我站在新的起点上，看向遥远的未来，准备踏上属于自己的新征程。心里的种子开始萌芽，在南宁三中的浇灌下逐渐长大。

升上高二，学习的任务逐渐加重，迷茫和犹豫像前进路上的拦路虎，磨砺着我的意志。某天晚自习下课，心情低落的我脚步缓慢地走回宿舍。出到教学楼门口，我依稀看见通往操场的路上挂起来一条横幅，上面写的是"争创广西最美校园 争做广西最优学子"。我心中一震，受到触动。这是南宁三中的目标，也是每个南宁三中学子的目标，因此我要努力。实现目标的路上或许会有困难，或许会有阻碍，有时我们也会被困难险阻击倒，但是我们努力去挑战、去克服，便能获得成长，我们也离目标更近一步。再抬头看时，横幅好像在说，没有轻易获得的成功，要想获得进步，就需要突破自己的舒适圈，这个过程必定会有痛苦，但是破茧成蝶后的风景会更美丽。想到这里，我便有了继续努力的勇气，坚定了信心，下定决心要突破瓶颈。

高三备考年，横幅越来越多地出现在我的生活中。每次走进教学楼，满眼的红色横幅，好像是我们的青春力量和青春热血；下课后到走廊小憩，看见满眼的横幅，就有一种无名的力量在心中翻涌；早起晨读，瞥一眼横幅上的字，更坚定了发奋的决心；夜晚离开教室，依然有横幅做伴，令我感到又充满了力量。我最喜欢的是对面楼上的那条横幅："寒窗苦读十年梦，细心踏实每日功。"简短的十几个字，温柔但有力量，仿佛是在温柔坚定地告诉我们，高考备战要细心、要踏实、要持之以恒，梦想一定会实现，我们一定能到达成功的彼岸。办公室前的竖式横幅写着"只待锦鲤跃龙门"，其背后是老师们的殷切期望和真诚祝福。班级门口横幅上有每一个人的签字，大家写下理想、写下期待，把梦想和愿望告诉横幅，并将其高高挂起，把梦想放飞。横幅伴着我度过了值得纪念的高三。我在横幅的无声鼓励和支持下，经历了无数次挑战，跌倒又爬起，一直勇敢前行。横幅说："加油吧，少年！尽情挥洒汗水，才不枉青春。"

三年以来，大大小小的横幅，始终用一种独特的方式在陪伴着我们。运动会上的横幅激励我们在运动场上赛出风格、赛出水平；读书日的横幅鼓励我们多阅读，多读书、读好书；音乐节的横幅催动着跳动的音符和我们的青春之声……横幅上的字不仅仅代表着它本身，更是我们团结、有信仰、有理想的青春象征。它见证着我们的成长、我们的成熟，无声但有力。

　　横幅虽无声，但横幅有梦，那是我们期待已久的理想大学梦，是老师们殷切的育人成才梦，更是南宁三中用温暖和希望编织出的"真·爱"教育梦。一条一条横幅，记录了我的成长瞬间，留下了我的成长轨迹。虽然我们离开了南宁三中，在五湖四海求学，但是一条条横幅、一声声教诲、一花一草一木……南宁三中的一切带给我们的美好回忆，会永远被我们珍藏，或许有一天，能生发出更大更美好的梦。而我们，就是不断向前奔跑的追梦人。我们不会忘记给我们温暖怀抱的南宁三中，我们永远都是相亲相爱的三中人。

韦璎恬

我亲爱的南宁三中

亲爱的母校：

  2016年8月29日，一个单薄的身影背着书包，跨入了您那坚实的臂膀，那时的我或许没能想到，六年后的现在，我会以一种如此感怀的笔触去书写在南宁三中那美好青涩、奋斗不止、让人热泪盈眶的三年。

  桃李不言，下自成蹊。我仿佛仍能真切地感到入学第一天，我坐在教室听着老师那陌生但又亲切的声音在向我们讲述我们即将到来的中学生活的场景。感谢南宁三中，是她给我们提供了一个优秀的学习环境，她严谨的校风、优秀的学风和先进的育人理念，使我在校期间不断地学习进步。在这里，我学会了主动克服困难，学会了独立，学会了与人相处，学会了互帮互助，学会了尊师重道，学会了不轻言放弃。是老师的一次次鼓励、一次次帮助、一声声呼唤，让我能够徜徉在学习的乐园里。

我至今仍清楚记得，在我刚入学时，由于学习环境变化太大，我暂时适应不了。老师的讲课方式变了，同学之间的相处模式也变了，所学知识变得更加深奥……我开始有些慌乱，上课时比较难集中精神，下课也很难高兴起来。我的班主任发现了我的情况，她在课间耐心指导我、倾听我的心声，并语重心长地鼓励我，正是她的鼓励让我信心倍增，那一刻，我似乎什么都不怕了。

南宁三中是一所历史悠久的学校，校史可以上溯至1897年维新人士余镜清创办的南宁乌龙寺讲堂，后来历经多次更名。学校秉持"敦品力学"的校训，教导每位学生要砥砺品德，尽力竭力地学习，提高自身道德修养，致力奋发学习。在这秀丽的青山脚下，美丽的南湖之滨，南宁三中的校歌婉转而悠扬："维我校友，星聚南邕。阳明过化，郁郁葱葱。含英咀华，正义是从。如沐时雨，如坐春风。教学相长，观摩从同。譬如新篁，菁茂匪穷。晨曦融融，怒潮淙淙。三千弱水，一苇之功。"

感恩母校，这里有太多让人振奋人心的时刻了。每一次考试，每一次上课铃响，每一次老师走上讲台，每一次下课铃响，每一次作业批改……都是我心中关于南宁三中最美好的记忆。风风雨雨，朝朝暮暮，花开花谢，冬去春来，蓦然回首，曾经的时光竟在不知不觉中溜走。在南宁三中这个美丽的校园中，我度过了人生最美丽、最值得珍藏的岁月。我从稚嫩无知、年少轻狂，向成熟理智、虚心稳重蜕变，泪水伴着欢笑，在鲜花与掌声中步步向成功靠近。

亲爱的南宁三中，我想对您说：在这里，我陶冶了情操，提升了个人思想品格。这里就像是培育花朵的土壤、育人成长的摇篮，给学子们指明了前进的方向。在这里，我们扬起理想的风帆，摆脱无知与迷惘，您的培育让我们茁壮成长。在这里，我树立了自信，学会了坚强，明白了道理，懂得了感恩。这些年的青葱时光，我的思想受到了您"真·爱"教育理念的熏陶。南宁三中啊，是您的培养让我的思想不断成长，也是您用浪漫的光辉照亮了我的人生之路！亲爱的母校南宁三中，我心潮澎湃、思绪万千，您就像一位慈爱的母亲，用您自己爱的光芒照耀我们那一颗颗幼小的心，有时又像严苛的父亲，时时刻刻督促着我们，教育我们要不断自强。您用您那宽广的胸襟包容着我们的成长，接纳着我们满腔的豪情与舞动的青春。画家可以将您画到最美丽的画里，歌唱家可以为你唱出最美丽的旋律,诗人可以把你写成最美丽的诗句。那些我们在校期间的青葱时光,那些数不清的、点缀我们成长的闪光时刻,会永远铭记在我心底,成为我一生最为精彩的记忆。

值此母校 125 周年校庆到来之际,作为南宁三中的一分子,我想把我最诚挚的祝福送给母校。祝愿南宁三中越来越好,未来铸就更加辉煌的历史,再展宏图,再续华章,桃李满天下!

三中学子

青春不散场

亲爱的母校：

近来可好？

犹记得 2017 年，我在五象校区度过了难忘的一百二十周年校庆。晃眼间，又过了五年了，喜闻您将迎来一百二十五岁生日。每年校庆，我的内心总会泛起阵阵波澜，在我眼前不断闪过的记忆碎片仿佛要将我带回到那段青涩的高中岁月。

回想当年，作为五象校区的第一批学子，我们在入学之初便承载了无数来自老师和家长的期望。但与此同时，社会上也出现了质疑新校区实力的声音。三年后，我们以优异的成绩从母校毕业，让五象校区的名声一炮打响，从此蒸蒸日上。

三年时光虽然短暂，但在我心中留下了不可磨灭的回忆。我犹记得高三一整年，大家都在为考上自己理想的大学而不断奋斗，我也不例外。我每天起早贪黑地来到教室学习，以至于常常忘记吃饭、忘记睡觉，这些场景至今仍历历在目。我无比怀念那时候的心无杂念，怀念那时候的奋不顾身，怀念那时候与同学们为共同的目标齐头并进的时光。高三时期是我至今为止学习最为投入的时期。在步入大学后，我发现大学生活与高中生活有太多不同，许多事情占据着我的生活，我再也无法像高三那般全身心投入学习。因此，我很感激我上了一所好学校，遇到一群好老师、一群好同学，他们在我的生命中留下了浓墨重彩的一笔。

敦品力学、"真·爱"传承一直是三中引以为豪的教育理念，也是一以贯之的教育方针。作为一名三中学子，在三年的时光中我时时刻刻都能感受到来自三中的温暖——老师孜孜不倦的教诲、同学间的相互鼓励、食堂大叔的辛勤工作、宿舍阿姨的贴心照顾……这一切的一切构成了我五彩缤纷的高中生活。此外，元旦通宵晚会、篮球赛、足球赛、泼水节等一系列活动也让我们在紧张的学习生活之余得以尽情放松。

回首往事，三年的时光有太多令人难以忘怀的事件，但最令我印象深刻的莫过于高考结束后的那段时光。我是一个很喜欢怀旧的人，每每翻到过去的照片，看到那时候的我们，我的内心总是一阵伤感。记得那是高考前最后一次晚自习，班主任许老师坐在讲台上静静地看着我们，而我们都在默默地看书，做着临考前最后的准备。那晚是如此的安静，仿佛是暴风雨前的宁静一般，使我感受到了前所未有的紧张。而在最后一门考试结束后，我走出考场，迎着阳光望见老师和家长的笑脸，我的内心得到了前所未有的放松，仿佛所有重担都在那一刻卸下，内心感到无比的平静。到了毕业典礼那天，学校并没有举行太多的仪式，我们在和老师拥抱道别后就离开了。但在离开的那一刻我的内心充满了不舍。是啊，我马上就要离开这个学习生活了三年的地方了，马上就要离开这些陪伴了我三年的老师和同学们了。想到这里，我的鼻子一酸，内心五味杂陈。

如今我就读于大连理工大学，在远离

家乡的地方求学。在大学里我没有忘记三中对我的恩情,我更加努力学习,并取得了优异的成绩,成功在本校保研。我能取得这些成绩还要感谢三中培养了我的求知精神,同时也要感谢辛勤付出的各位老师。是语文课许老师的一次次的鼓励使我有了信心;是数学课廖老师的耐心指导使我消除了内心的疑惑;是英语课许老师的科学方法使我的英语水平再上一个台阶;是物理课黄老师、化学课贝老师、生物课黄老师的细心讲解使我对课本的知识有了更加深刻的理解。感谢老师们为我传授学习方法,感谢老师们在高考前陪伴的日日夜夜,感谢老师们宁愿牺牲自己的休息时间也要为我们补课……如果没有你们的支持与陪伴,我无法走到今天这一步。

再多言语也无法完全表达我对母校的怀念与感激之情。三年的时光转眼飞逝,但三中的故事仍在继续,我相信南宁三中的未来一定更加光明、更加辉煌。值此母校一百二十五周年校庆之际,2016级学子舒景纪祝愿母校越办越好,祝老师们身体健康,万事如意!

舒景纪

一路向南,三五弦音

亲爱的母校:

成都落了秋季第一场略带寒意的细雨,我的思绪一路飘往南边,想起南宁三中,想起无数次经过五象湖畔来到五象校区求学的日子。不禁侧脸望向窗外,细雨无声,但情自心起,仿佛一曲弦音在耳边久久不息。

虽然我是一个向往文墨而无心理科的"小刺头",却也在记忆中留下了许多老师的身影。入学时,陆秉中老师总对我这个理科班里的"小文豪"感到好奇和欣赏。在要决定文理分班的前一晚,她找到我,我本以为她会拿着我没及格的物理卷子劝我选择文科，但她只是很温柔地向我眨了眨眼然后说："学理科的能写一手好文章真的很让人羡慕！"讲授语文的李丹萍老师更是多次提点我"文章须入情思以大格局"，作文纸上总少不了她满满一页的批语，这才让我始终敢于以笔抒情。

三中的老师都是如此育才的，他们认为学生和自然界的飞鸟没什么两样，学生不应拘泥于成绩单里，应属于广阔的天空。他们只是在我们飞向天空之前为我们留下足迹和归处，并静静等待着某一天我们回来。

学校里很有名气的胡颖毅老师是教授物理的，他人十分好相处，总有着和蔼的笑容。他上课时嘴角上扬、目光明亮、嗓音清亮，尤其喜欢在展示物理模型时辅以夸张而生动的肢体动作，撸起衬衣袖子画上满满一黑板的工整配图，下课时才发觉蓝色衬衣背后早已湿透了。年龄稍大的老师对于知识都如此热情，更不必说年轻老师了。我有幸担任朱丽丽老师的生物课代表，每堂课开始前，还在课前朗读的我们都能与她的热情和活力撞个满怀，听笑声便知丽丽姐大驾光临。

经我观察，不论是哪位老师上课，下课后的讲台总能被提问的学生围个水泄不通，老师们有时被追问的学生一路追到办公室，只有上课铃响起老师们才能被"解救"出来。而这其中也有的老师未能摆脱学生的"穷追猛打"，直至上课铃响起都还未能走出教室门口。例如讲授数学的黄兵老师和讲授化学的韦骁珉老师，这二位老师就属于学生眼中能把题目讲得通俗易懂的"明星老师"，课间常被"追星"的学生们围得脱不开身。

如此个性鲜明的课任老师，再配上这般跳脱的我们，也确实只有班主任陆小荣老师才能"镇住"我们了。她不仅要在课上助我们学习英语，而且要在晚自习给我们这一只只小猴子揉揉脑袋，给我们逐个细细分析学习和考试情况，点出"功法"，护送我们取得学习真经。

大家学习累了便更期待美味的饭菜。食堂里不同窗口的菜品总是不一样，其中烧鸭和鸡腿最为抢手，故而就出现了"跑食堂"一词。"跑食堂"确是需要一些硬实力的，从教室到食堂要跑上足足五百米，必须完成意会下课指令、抢占最近"赛道"、规避密集人群和最终冲刺四项技术动作，在大学里这样的运动被称为"定向越野"，在体育界或许能被称作"短道铁人四项"。当然，"跑食堂"也是一门技术活，我常常排错窗口最终只能面露悔色。所幸的是我靠"跑食堂"跑出了一块校运会一千米比赛金牌。像我这样铆足劲跑三年食堂的同学很多，既能争得美食，又可免得排队。也会有不愿跑的同学，安安静静地在教室里自习半小时，再如文人雅士般闲庭信步至饭堂。排队打饭过程中，他们或三五相聚闲聊，或拿出单词书背诵，倒也是一种趣味、一道风景。

越临近高考大家便越是生出不舍的情绪。临近高考的某天晚上刚下过雨,我们突然想去赏月亮,但那天是一定见不到月亮的。我们沿着校园里的小道慢慢地赏景,浅浅的水面平静地倒映出教学楼的灯火,小道前方的图书馆一直亮着"为中华民族伟大复兴而读书"的大字,远处形似镂空蛋壳的灰白色艺术中心顶上还亮着灯,就像一轮皎洁的明月。韦屏山书记曾说:"在三中的日子将会是你们最怀念的。"刚开始我并不能体会这句话中的情感,直到我真的要和这栋灰白色调的教学大楼说再见了,直到我看到同学们身着西装和礼裙在图书馆前拍完了纪念照,直到我回忆起曾在艺术中心舞台上扮演过五分钟的荆轲,我才真正感受到韦屏山书记这句话的重量。

我记得高考结束后,在离开五象校区前,我特地到刻着校名的大门外走了一圈。平日里忙于学习,疏忽了渐渐爬满四周围墙的藤萝。校门外,新栽种的草皮还没把根完全伸进地里,实验楼外瘦弱的小树还需要几根木棍支撑着。时隔了又一个三年,偶然在朋友圈看到师弟师妹们发的劳作收获,原来光秃秃的土地上竟长出了石榴、西瓜等,还有更多我连名字都叫不出来的作物,从前的小树也在不知不觉间长大了。

对于五象校区而言,我是她可以刻在石碑上纪念的首届学生中的一员,但我深知对于南宁三中而言,我是她一百多年校史中培育的一个并无太多特点的孩子,可她一直在不求回报地给我以自由生长的养分。我在南宁三中学习了三年,曾在跨年夜因感动无眠,也曾在成人礼上着汉服宣誓,是南宁三中使我成长为这样一个兼容并包的人。

  心中三五弦音,你且仔细听:听见微风轻拂湖面,听见草地低头呢喃,听见雷声、雨落、松涛与叶落,听见心弦颤动不止。

  维我校友,星聚南邕。阳明过化,郁郁葱葱。

  弦音不辍。

蒋 蒙

可敬可爱的梦想长廊

梦想长廊：

你好！

多少次我走过你，却没有来得及与你道别。幸有此次给你写信的机会，让我可以诉一诉对你的怀念。

记得初识那天，来领录取通知书的我通过你，看到一排排高大教学楼，窥见宁静的图书馆一角。彼时我尚未知晓你的姓名，从你身上走过，只感到新鲜。很快到了尽头，"梦想长廊"四个大字悬挂在头顶，我先是会心一笑"确实很长"，后又陷入对"梦想"二字的思考。我突然意识到我的新征程即将开始。一个月后我会带着梦想再次见到你。

  那天过后,我对于这校园里的一草一木、一屋一舍印象都不是很深了,当然也包括你。我盼着的,只是与新老师、新同学的见面。在活泼的少年时代,让我满心欢喜的是灵动的、充满生气的人和物,殊不知只有在静物的衬托下人才显得活泼,也只有静物的原处守候才能为远走的人们留下一丝念想。如今远在1213.8公里以外的我,回忆着与你擦肩时的一点一滴,走过你时遇到的人、发生的事……在某种意义上,它们构成了我的高中时代。

  全新生活的开头并没有想象中那么困难或不适,我想,这也多亏了你吧。从宿舍到教室,从教室往食堂,比起宽阔热闹的校道,我更喜欢你。因为一旁恰到好处的绿化,因为悬挂着的一块块与风共舞的许愿牌,因为走在长廊上的人儿基本一致的步调……清晨,橙红色的太阳会从艺术中心大楼与科艺楼中间慢慢爬起,走在你身上,大家会忍不住向右望去,踏着轻松的步调。中午,当老师"第五节课下课"话音落下,某个开关被按下,一瞬间,一团团一簇簇的人向你涌去,而后径直奔向食堂。晚自习下课,其实很少人会再次经过你,但我却很喜欢在一天将要结束时来和你道别,也可以说是一种仪式吧,乘着梦想来,背着梦想去。我还喜欢沿着你向信箱走去,去取朋友们的来信,再沿着你回教室。路上我总忍不住拆信,我想你一定也见过好几次我读信时喜上眉梢的神情吧？正是这样，与你同行，有你做伴，我很快适应了高中生活。

　　村上春树说："我很想看到渐次泛白的天宇，想喝热气蒸腾的牛奶，想闻树木的清香，想翻晨报的版面，想和你在一起，不分秋冬，不顾冷暖。"这段话原本应是写给心爱之人的，可在一年又一年的时光中，我似乎与南宁三中一起度过了这样美好的日子。在某个平常的日子后，我们也许和某些人就是永别了。但建筑、道路不同。水泥冷冰冰没有情感吗？我觉得不然。我无数次踏过你，你身上留下我的足迹，我虽不能说出你由多少块砖组成，又有多少根柱子支撑，但想到我的高中我会想到你，想到你便会想到图书馆、实验楼、科艺楼、艺术中心、教学楼、操场、体育馆……一幅校园全景图立体呈现出来。而图上的人走着走着，好像从明天走回了昨天。不知办公室里的老师是否又聚在一起为备课备考讨论，不知临近中午的教室里的学弟学妹们是否像我当时一样倒数着时间下课，不知后勤保卫部的叔叔伯伯们是否开着威风的巡逻车游走在校园的每一处角落，不知宿舍阿姨是否又在拉着家常等待快放学的同学们，不知食堂阿叔阿姨是否又在忙碌地炒菜、端菜、分菜……成都这几天又起风了，劳烦你托一阵风来告诉我吧。

　　起风了，成都天气清凉。想起高中时，小雨浇洗后的校园也是这样的凉爽，午休后去上课是我最不愿走过你的时刻。

湿漉漉的脚印一个接一个落在你身上的时候，你也会不舒服吧？然而我的大学里没有长廊，更没有梦想长廊，这里只有长桥，雨天走过是何等煎熬，那时我便无比怀念有你庇护的日子。不过没有关系，虽然水泥砖头没能从那里铺到这里，但梦想却可以。还记得每年元旦，大家按照学校传统会在你身上找许愿牌。每位学生在校三年，便攒了三块许愿牌，待毕业时可取下。我留下了一块写着"万事胜意"的许愿牌，这既是我对自己前程的祝愿，也是给路过的每一个看到它的人的问候，更是给你以及母校三中未来的一声祝福。

如今我从三中学子变成了三中校友，走过无数遍梦想长廊也依然追逐着梦想，在怀念与向新的心境中，我想用华丽的辞藻来感恩、祝福母校。真挚的情感或许不需要多加修饰，母校也一定能明白我的心意。你载着无数人的梦想，也推动无数人的梦想扬帆起航，你无声地分享我们的欢声笑语，也接受我们的泪水。

纸短情长，伏惟珍重。我再次回到母校时，定会重新慢慢走过你。

祝好。

三中学子

花儿与少年

南三君：

你好吗？听闻你将迎来一百二十五岁生日，为你感到欣喜之余，与你共度三年时光的美好回忆一幕幕浮现眼前。

"奋战高三展六月鲲鹏之志""圆梦五象成一代学子楷模""砥砺前行不辱使命"……催人奋进的高三对联深深注视着一方庭院里的学生。他们或欢声笑语，或潸然泪下，或青春好动，或沉稳内敛……这是只属于我们的故事，是我们的少年时代。

"梅持傲骨不随流，人秉雄心当自信。"沁梅园里，你我都是园中一朵朵沁人心脾的傲梅，三年苦寒香自来。那些在四班、在这小小庭院中出现过的光与影，令人念念不忘。

求知

"黑发不知勤学早，白首方悔读书迟。"高考——使人生更完整的必经路。四班学生也不曾懈怠，今天比昨天更努力，明天比今天更热情。大家一起体会过炎炎夏日、寒冷冬日里早起的痛苦，感受过教室一盏微弱灯光下，边吃早餐边看书的辛苦，看到过朝霞初升的广场上高声朗读或安静阅读的身影。高三时期，同学们在一声声"惜时如金，知难不退，止于至善"的口号下拉开一个个晚自习的序幕，这是我们四班学生在迷茫学海中的共同记忆。偶尔我们也会因于逸豫，但最后总能齐心协力，共同战胜畏惧。

高三时的那些早晨，提前到教室的同学友好地互打招呼，然后默契地沉浸在专注的学习氛围中，让人很安心；中午、傍晚放学甚至休息时学习小组讨论的声音，总能使人过滤掉心中的焦虑，专注于书本；下午放学后广播中清脆悦耳的播音员的声音、操场上呐喊助威的咆哮，令人不再感到孤独。我什么也没忘，但是有些事只适合收藏，不能说也不能想，却又不能忘。

陪伴

"且将新火试新茶,诗酒趁年华。"班主任李南老师常说,珍惜眼前人,坐在自己四周的同学们,都是自己一生中最宝贵的财富。学习之路纵然苦且艰涩,但只要身旁有最好的同伴一起分担,便可苦中作乐。高三时的减压活动是必不可少的。班委们常常聚会,为班级举办户外活动出谋划策。这不仅让我感受到班级的团结友爱,更体会到这是属于我们这个年纪的美好。课堂上整齐默契的笑声,户外班会课的游戏中同学们笑作一团的身影,都是大家发自内心的真挚情谊的体现。这些互动不仅使我们更加了解彼此,更令我们在繁重的学业中得到放松。同歌,同笑,同喜乐,这就是我爱的调皮却又张弛有度的四班。

四班的教室地理位置得天独厚。在每个早上、中午、傍晚、深夜,通过教室的窗户可以欣赏不同颜色的云彩,也可以看同学们在广场上嬉笑打闹、结伴谈心。顾城说:"草在结它的种子,风在摇它的叶子,我们站着,不说话,就十分美好。"此乐何极,妙处难与君说!

我深爱此地的夕阳,它是干净而缄默的存在,一尘不染如纯粹的赤子心。它传达着让人热泪盈眶的生命力,让我在某一天突然大彻大悟:高考的真正意义并不在于分数和终点,而在于在值得奋斗的少年时代，我们为之徘徊、犹豫的同时，相信理想、不忘少年本心。为生命的某一阶段勇敢搏击的这个过程令人回味。这并不是单枪匹马只我一人在内心天翻地覆地战斗，在五象校区、在四班，相互鼓励前进的同学都是自己的精神伴侣、自己的战友。我离开学校后，也看到过同样美的天空、云和夕阳，却再没有获得过同样的感动。

教诲

"落红不是无情物，化作春泥更护花。"高三的最后阶段，老师们亦是时刻陪伴在我们身边的精神支柱之一。四班讲法理、有温度的集体品质，与各位老师的谆谆教诲密切相关。语文老师黄燕妮说："运气与努力相伴。"数学老师陈茵说："保持耐心、细心、平常心。"英语老师卓金玲说："Everything is present.（一切都是礼物。）"政治老师蒙立珠说："厚积薄发，静待花开。"历史老师李南说："读书使人走出迷茫。"地理老师温广源说："我们的未来总是曲折中前进。"……这些珍贵的话语太多太多，都是我们高三学习生活中的精神食粮。感恩、感谢最爱的四班的老师们。

雨果说："谁虚度了年华，青春就将褪色。"四班的青春也许并没有特别的浓墨重彩，却在平平淡淡的色彩中耕耘收获。我们在迷失与醒觉、挣扎与振奋中走来，得到的是知识、陪伴和一生受益匪浅的教诲。每当我们轻轻吟唱起歌曲《蜂鸟》时，心中便有清泉淌过，熟悉的爱意便潺潺而出，那是只属于四班人的独特回忆。

      寂寞中拍打着翅膀，
      终于找到你一起飞翔。
      渺小却带来了神话，
      你看这世界开满了花。

鲜花属于少年的我们，未来也是。

          三中学子

云中谁寄锦书来

2022年6月4日20时的三中:

  亲爱的三中,不知道此时此刻你的心情是怎样的呢?会紧张吗?会不舍吗?还是如同三年里无数个夜晚一般平静呢?我不知道如何形容此时的心情,只是如此刻悠哉漫步校园的机会想必不会太多了,高考的脚步日日逼近,不知道该是解脱般的放肆多一些,还是离别般的哀愁多一些。至少此刻,我暂时不想回到那个灯火通明的教室,不想面对那些厚得看不完的课本和写满了笔记的试卷,不想看到白板上倒计时的数字。此刻请允许我暂时性地逃离这些杂芜。

走过那坐满了人的教室,走下一层层台阶,我走向夜晚静谧的耕读园。这里远离灯火,那些幼稚可爱的小植物在这个独僻的角落默默生长。犹记得当一棵棵树被移植、原有的花坛被拆除,我们都很疑惑这里将被用来干什么。后来每个班分到了属于我们的那块田地,我们热烈地讨论着要种什么,什么植物好养活、什么蔬菜成熟快、什么花朵最鲜艳……我们那时候满怀希冀,在春日的阳光里笨拙地将地里的土块敲碎,犁出一道道用于种植的沟壑,打满一桶桶清水,洋洋洒洒地扬向那些瘦弱得好像微风便可以吹倒的小苗。当然,经由专业人士的指导,我们才知道浇水要浇到土里,润湿苗儿脚下的土壤那才算数的。总之那一片小小的土地从此成为我们挂念的地方,无论风吹日晒雨淋,总有人记着那些小苗:辣椒今日开花了,茄子今日结了果,藤蔓竟然生了虫……你是如何看待这些顽强生长的果蔬的呢?我觉得它们就好像每天勤学苦练的我们——它们有我们的呵护,我们有老师的栽培,我们共同肆意生长在这校园里。可惜我们究竟是等不到所有小苗结果丰收就要匆匆离去了,如今也跟它们轻轻道别吧。或许我很久以后也会记起来,曾在三月种下的辣椒,在六月开花结果。

从耕读园出来,穿过实验楼的长廊,来到五只大象雕塑所在地。作为五象校区标志性的存在,这五只大象想必陪伴了你很久了吧。它们见证着一届又一届的学生从稚嫩到成熟，走过了一年又一年的冬夏，见证了一次又一次的斗转星移。此时我站在五只大象旁边，抬头看着静谧的夜空中挂着零星几颗的星星，突然很羡慕它们——想必它们没有升学的烦忧，此后也能长长久久地守卫着你吧。于是我也向那昂首的大象挥手致意，请它们继续好好地护卫这一方土地。图书馆此时黑着灯、关着门，"为中华民族伟大复兴而读书"个几个大字在黑夜里很显眼。图书馆承载了太多我的欢乐，我太喜欢在暖黄的灯光下捧一本书度过一节阅读课，然后意犹未尽地将它借回去。或者是在不用升旗、不用跑操的大课间跑到书架旁匆匆挑选几本书，心满意足抱回教室。不知你是否留意，在那些做习题的间隙、在那些短暂的课间、在那些考试后的晚自习、在那些不愿睡觉的午休，我都与书在一起。偌大的图书馆里似乎包罗万象，容纳了比这一方天地更广阔的世界，于是图书馆似乎也成了我的乌托邦，用来安放我不知所措的青春里为数不多的放肆。哪怕是在学业压力沉重的高三，我也要不时来探访图书馆。

经过北门口，从梦想长廊穿行。这里承载了太多太多三中学子的祈愿与希冀，每一年我都将最诚挚的愿望挂在这里，每一次也最喜欢听风拍打那些祈愿牌的声音，清脆得好像是梦想的回音。这条长廊串起了我从高一走到高三的足迹，请允许我最后一次郑重走过，好像那些青涩的、翠绿的、依依不舍的青春都从脑海里闪过一样。那些迷茫与热烈的青春交织成画，我想要抓住这青春的尾巴……走完长廊，大概也意味着这段短短的逃离走到了尾声，我要回到最后的复习中去了。我的高中岁月，在无声无息中快走到了终点。我想我是该高兴的，从此没有人会事无巨细地指导我的学习，没有人会限制我使用手机，没有人会要求我一定要穿好校服……大概也正因为如此，我突然害怕起来，因为我们的前路不再相同。也许你还会长久地留在良庆区良玉大道25号，而我却不知要飘向何方。路漫漫其修远兮，接下来的路终究只能我一个人走完。但是我必须感谢你，与你共行的三年时光塑造了如今的我，哪怕今后你不再陪伴着我，我也会带着你给我的勇气和力量不断向前奔跑。

2022年6月4日晚，请允许我郑重地和你说一声再见。你给了我通向未来的钥匙，而我现在将要去寻找我的那一扇门。无论我要飞向多远的地方，我会永远牵挂着你。三年里你给了我那么多的包容与爱，就像此时天上那轮弯月，永远宁静、永远皎洁。最后的最后，我要回到教室去走完你我相伴的最后一段路程了，借用一句诗的意境——"莫愁前路无知己，天下谁人不识君"。祝母校再创佳绩。

李　瑾

那段回忆叫『五三』

亲爱的母校：

展信安！不知不觉间，我已经毕业四个月零一天。作为远在天津求学的游子，度过忙忙碌碌的一天后，走在校道上感受秋风的吹拂时，总会不自觉地想起您，想起我的老师、我的同窗、我的高中岁月。也许我的高中岁月较您的一百二十五年厚重历史而言，不过是轻描淡写的一笔，但您对我来说，却是浓墨重彩的一幅画，刻在我的心底。在三中的三年时光，带给我的不仅在于一张令人颇为满意的大学录取通知书，更在于灵魂的重塑——教会了我何以"真·爱"。而那段回忆的名字，就叫"五三"。

　　时光匆匆倒退,回到了在耕读园的每个日日夜夜。种植作物似乎不是什么值得纪念的事情,但对我来说,在紧绷着的高三生活里,需要耕读园来松绑。半年以前的春夏之交,我最期待的就是下起淅淅沥沥小雨的大课间,和三两同学结伴看看自己亲手种下的作物,浇水、施肥、松土,再走去其他班的地里看看,欣赏盛放的向日葵、彩色的辣椒和挂满枝条的黄瓜,带着大自然的芬芳迎接下一节课。有时考试不如人意,走到耕读园看看,心情便会好很多;或是在没有手机把玩的周末,来耕读园修修枝条,也是一种别样的享受;抑或考试前过于紧张,到耕读园呼吸新鲜空气,整个人便会舒展下来。三个月过去,耕读园的作物茁壮成长并开始收获果实,这也意味着我们即将踏入高考的考场。高中生涯的最后一个星期,我每天都会跑去耕读园看一看,缓解紧张的心情,回忆自己的高中生涯的耕耘,珍惜和高中同学最后的相处时光。

　　高考前的最后一个夜晚,我细细拾起了我即将结束的高中生涯。我最舍不得的还是我的老师们。我和邓琪老师每年必定会有一张合照,即使她后来前往青山校区任教,但每年校运会她还是会回来看看我们。教室外面那盏有点昏暗的灯光,那是我每次和小梅老师谈话时的唯一光源。小梅老师是我的班主任。我的成绩从在全班垫底到跃居前列，我从担任纪律委员到班长，小梅老师见证了我从焦虑到重拾自信努力奋斗的全过程。"相信自己，不要给自己设限"是她鼓励我时常说的话。语文组的老师们最让我印象深刻，不论是张沛老师、李猛老师还是何思平老师，和有趣的灵魂相处总是令人愉快。我的语文成绩从年级垫底到年级第三名，是他们拯救了我。姚全老师幽默的化学课堂、金玲老师有趣的英语课堂、小凤老师面面俱到讲解知识点的生物课堂和栾功老师别样生动的数学课堂也让我收获颇丰。对于我来说，在母校遇到的老师已经不仅是传授知识的老师，更是人生导师和我在高中生涯中的至亲。点点进步皆关心，点点困难皆帮助，点点困惑皆解决，老师们的关怀让我深刻体会到了"真·爱"教育理念的真谛，我的高中生活，是沐浴在爱里的。

　　三年不像预期中的漫长，反而匆匆结束了。记得高考前一个月还在憧憬着自己高考后的快乐，但上了大学却发现自己最怀念的还是高中。再次拾起回忆时，高中生活却如同幻灯片一般一张张播放。我们深爱着您，您也深爱着我们。忘不了元旦通宵晚会一条街，这是快乐与创意的交织；忘不了小梅老师送我们的苹果、鸡腿、祝福红包、粽子，以及姚全老师送我们的爱心签字笔、小凤老师奖励我们的奶茶，这是老师们给我们浓浓的爱；忘不了我们为小梅老师准备的教师节礼物和横幅,这是我们对老师的感恩;忘不了百日誓师的慷慨激昂、成人礼的庄重典雅、踏入高考考场的紧张兴奋……在您呵护下的三年,是汗水与幸福交织的三年,学海无涯苦作舟,幸有师长同窗相伴。即使毕业,我仍为自己是三中人而自豪。不论是填报志愿时热情相助的学长学姐,还是我来到天津后遇到的三中人,他们的存在给我的大学生活带来了莫大的帮助,是他们带领我走出迷茫。我的生命似乎已经和三中息息相关、难舍难分了。

天下没有不散的筵席,我终将离您而去,飞向更远的地方。但不论走到天涯海角,我的灵魂已经和您永远结合在了一起。我时常怀念那个在高考路上凤凰花开的路口。这段回忆的名字叫"五三"——一个留下了我青春的地方。

韦春云

写给 2019 年的三中

2019 年的三中：

  好久不见。

  你还记得我吗？如果不太记得了，也没关系，毕竟从 2019 年 6 月到我写下这封信的日子也有将近三年了，我们也有许久没有见过彼此了。你还愿意听听那属于我们的三年吗？

  在我能够与你正式互道姓名之前，我曾无数次听过你的名字，然而我与你的第一次相遇却并不是在 2016 年 9 月。初见你，是在青山校区——我的中考体育考试专场。再见你，是等待中考成绩公布的时候。五象校区崭新的教学楼令我向往。在逸夫体育馆里等待录取通知书和校园卡的发放时，我的心里满怀庆幸，庆幸我终于还是成为万千三中学子中的一个，庆幸我终于还是来到了这个与我有些缘分的地方，庆幸我终于不必从别人的口中听到你的名字，而是成为关于你的故事的讲述者。

2016年，我和这一年晋升高中的所有人一样，心中怀揣着对于未来的憧憬和迷茫：憧憬于新环境和新朋友，迷茫于那个仿佛还有些遥远的高考。9月，我走向你，你也走向我。你说："恭喜你成为五象校区第一届学生中的一员。"那时，我还不知道"第一届"意味着什么又代表了什么。我盘算着我们可以做这个崭新校园的"霸主"，我们是所有设施设备的第一批使用者，也将是后来者口中的"学长、学姐"。后来，我们体验了停电——以至于晚上无法上晚自习，老师们或在教室里开着手电筒讲故事、做游戏，或领着学生到操场上唱歌、数星星；停水——好不容易等来的水里混着黄沙和红土。虽然偶有这样的意外，但就当是你送出的惊喜，我适应得很好，毕竟这确实给高中生活带来了特别的回忆。

就这样，日历快速翻到了12月，犹豫再三后，我郑重地在分班志愿书上"文科"那一栏打了勾，将学习重心转向政治、历史和地理。分班那天，每个班都用各自的方式进行着狂欢——既是庆祝，也是道别。有的班拿出运动会开幕式上未来得及用上的气球,噼里啪啦一顿踩;有的班的同学们开始舞动作为开幕式道具的龙头,后面还跟上一群人叽叽喳喳地舞着龙尾一起从楼上跑到楼下;还有许多班大声放着音乐,任凭各式各样的音符聒噪地交杂在年级楼的上空……那一日大家都玩得很疯,你也没有制止。大肆疯闹过后,大家默默地收拾东西,有的班的同学被分配到别的班级,有的班留下大部分人又迎来新的同学。选文科班还是理科班?你让我们更早地进行了一场选择。

你看,六年前的事我也都还记得。

长辈总说时间过得很快,从高一看向高三总觉得漫长,可真正到了高三再回看高一,又真切体会到了"三年尽在弹指一挥间"。不知不觉间,隔壁的年级楼大院早已被新来的学弟学妹填满。周一升旗仪式上的主持人都变换了陌生的面孔,作发言的老师的名字也没有听说过,新奖项的获得者也都是来自隔壁散发着朝气的低年级方队——你似乎是有意想让我们好好学习,让我们逐渐与许多活动"绝缘"了。我们只能偶尔在回宿舍时经过低年级的公告栏才知道学校最近的新节目。

眼看着讲台上的倒计时数字越来越小,你虽然似乎比我们更紧张,但又担心我们太紧张,于是为我们举办了一场别开生面的泼水节活动。泼水节活动当天,一个个鼓鼓囊囊的水球(在气球中注满水制作而成)在各种容器里晃荡着,所有人都摩拳擦掌。宿舍楼底下早已有人迫不及待地掷水球,水球在柏油路面上炸开好几团水花。然而最先将我们浇透的不是从五象湖引来的水,而是4月的那一场大雨。无一例外,所有人在开始前都已经经历过一场大自然的洗礼。终于等到出太阳,大家新换上的干净衣服总算是能在真正的泼水大战中,名正言顺地"负伤"。先是五颜六色的水球就这么沉甸甸地从空中划过,砸到谁算谁,没砸破的自己要从地上拿起来追着别人用手掐破,一轮攻势下来,满地都是气球的橡皮彩衣。紧接着从自己班上的水池里、从别人班上的水池里,用手捧,用瓢舀,用水枪无差别攻击,凡是手边能装水的都是武器。又是一轮混战……明明都穿着各自的班服,却因为水的关系,谁也看不清谁,但是耳边的笑声异常清晰。那一天下午没有人为高考紧张。

2019年6月,我坐在考场里因为"你

们再看看题,我再看看你们"的语文作文主题而差点失声,我红着眼眶写完了高考作文最后一个字。我想起了会耐心解答每一道题目、细心整理每次考试结果、记住每一个学生的成绩变化的班主任;总是温柔地、笑眯眯地画地形图的副班主任;会说"现在天气很好,可以到花园晨读"的语文老师;播放各种英语视频和音乐只为让学生清醒头脑的英语老师;管我们叫"孩子们"的政治老师;总是混在学生堆里的历史老师……因为你,我有幸认识了他们。

之所以将这封信的抬头定为"2019年的三中",是因为这是我最想留下的你的形象——帮助我们走向更美好的未来的模样。现在我又将奔赴下一个三年,我依然感到很幸运,因为我的二十一年里有你的三年,你的一百二十五年里亦有我的三年。

廖珂莹

真爱三中

我亲爱的南三:

见字如面。

距离2022年高考结束已有四个月,我也与你分别了四个月。在这一百多天中,无论是在家里还是在大学校园里,我时常会想起我与你的点点滴滴,怀念这看似漫长实则短暂的三年。我的写作水平无法表达我对你深深的眷恋之情,但我仍希望用笨拙的笔触,分享我与你的故事。

走进南宁三中,我最先爱上的就是你的校园环境。一栋栋蕴含着无限活力的教学楼、顶着"为中华民族伟大复兴而读书"标语的图书馆、郁郁葱葱的草木、笔直的校道、富有青春气息的田径场和安谧的小广场……你的每个角落都是那么可爱。作为一名习惯在室外背书的文科生,这样的你更是让我满心欢喜。早晨和傍晚的饭后,我总爱一边绕着小广场散步一边背书,声情并茂地朗读,放开嗓子背诵,吹着小风看日出日落……我喜欢这样的宁静与自由。

在求学之路上有你,我收获颇多。我们有老师们的谆谆教诲,有身经百战、科学规划教学与备考的学科教研团队领着我们一步步向前,有学校各部门为我们提供的支持与帮助,还有一起讨论问题、一起嬉笑打闹的同窗……凡此种种,让我在学习知识和备战高考的时候并不感到孤独无助,而是很有安全感和方向感。只要跟着你一起努力,总能到达彼岸。

除高质量的学习之外,你也给了我丰富多彩的课余生活。每天最开心的事情之一就是在放学之后冲进饭堂点一份热气腾腾的饭菜,喝一碗几毛钱就能买到的营养汤;最放松的事情之一就是回到宿舍和热情可爱的阿姨问好,然后洗个热水澡,美美地进入梦乡;最好玩的事情之一就是跑到耕读园里种菜浇水,看着小绿苗一点一点地长大;最期待的事情就是我们的校运会、元旦通宵晚会和各种各样的社团活动……总之,因为有你,在书本之外我有了五彩斑斓的生活,积攒很多很多美好的回忆。

而你,还给了我许多重要的东西,它们有的成了我学习生活中的习惯，有的融入了我的精神世界，有的让我更加坚定了人生路上的前进方向……这些东西包括但不限于科学高效的学习方法、每天跑步锻炼的习惯、老师传递给我们的乐观健康的生活理念和人生态度、一颗开放包容的心、为中华民族伟大复兴而读书的坚定信念……这些东西将继续伴随着我走向更远的地方。感谢有你！

有缘与你相遇，有幸与你一起度过三年的青春时光。除了用有限的语言能力讲述我与你的故事来表达我对你的怀念与感恩，我能做的只有带着你给我的美好继续大步前进，成为更好的自己，努力为国家、为社会贡献自己的一份力量。再次感恩，愿你更好！

李倩孜

三中与我的友情

亲爱的母校：

　　入学三中是我人生中重要的转折点之一，踏入（入学）踏出（毕业）三中的校门，贯穿三年的进进出出，终于将我引向了更高的境界。

　　三年，是一个微妙的时间跨度，但是对于一个青春懵懂的少年，这段时间足以使其蜕变。

　　在三中的这些日子，我有非常多难得的回忆，不仅有红歌会、校运会、元旦通宵晚会，还有更有趣更新颖的泼水节、成人礼。让我印象最深刻的当属泼水节。那是盛夏一个下着淅淅沥沥小雨的日子，小雨洗刷了天空的烈阳。水在我们的手中,成了连接人与人关系的桥梁。大家互相泼水戏耍,让无论是互相熟悉的还是陌生的、害羞内向的同学,都能敞开心扉地尽情玩耍,暂时忘记了烦恼,忘记了压力,大家都是一副幸福的样子。全校人不再区分老师与学生,彼此就像认识多年的好朋友那样其乐融融。

即使毕业了,我与三中的挚友们的友情也没有因此而淡薄,而是随着时间的推移,像一壶老酒,越发醇香。我如愿考上了心仪的学校。幸运的是在大学我也遇到三中的优秀校友,与之共同深造,我想没有比这更美好的事了。

吴皓飞

五三回忆记录

亲爱的三中：

  时间慢慢走过，转眼间您迎来125岁生日，我也已毕业三年有余，回想起曾经在学校里经历的生活，许多细节依然能够涌入脑海之中。

  还记得您120周岁之时，举办了许多活动，十分热闹。其中让我印象最深的是大家给未来的自己写了一封信。等到毕业后再拿到信时，大家看着信中内容，比对着此时与彼时的心态，真真切切地感受到了时间在自己身上留下的印记。

  回想那个曾经生活了许久的教室，我们在那里有过许多的经历。自习时大家能一起安静地奋笔疾书,下课时大家一起欣赏电影、一起踢毽子。那间屋子记录了整个班的美好回忆,也见证了大家曾经努力的过程。我们离开之后,教室里换了一批又一批学生,但是教室外墙上的菠萝屋却依然留在那里,它好像在提醒我们,曾经有那么一群16班的同学们,欢笑着把图案一起留在墙上,一起在这个教室留下了美好的点点滴滴。

  对我来说,与您在一起的时光中有哪个时刻是最难忘的呢?有球赛失利后的低落,有运动会时同学们一起玩耍的喜悦,有在操场上跑步的痛快……但是最难以忘记的还是晚自习后,校道上同学三三两两结伴而行,四周传来窸窸窣窣的声音。我背着书包慢慢地走,看着暗暗的天空数星星,心里想着明天早餐吃什么和一些别的事情。天空默默地倾听着我的心里话,可惜它只是听着,也只能听着,并不能给我建议。我真的很喜欢这样的时刻,它让我感受到一种别样的放松和愉悦。后来,我走过更宽敞、更明亮的路,却再没走过那条让我一边走一边数星星的校道。

钟展峰

操场的温柔

亲爱的操场：

  您好！

  翻开记忆的相册，行走在时间的长廊里，时光的水滴轻轻荡漾开波澜，掀起心中涟漪阵阵。在南宁三中我已经待了2年了，在这里我经历了太多，转眼间竟然已经快初三了，时光如流水般逝去。在这里，我真心祝愿南宁三中建校125周年快乐！这里有许多令我留恋的地方，特别是你。

  你还记得吗？那年秋天，一次考试后成绩公布的日子，我考得不是很好，不敢相信自己这么多天的努力灰飞烟灭，内心仿佛坠入了万丈冰窟,无法脱离。不甘与愤怒在内心积压,我漫无目的地在校园闲逛,不知是什么指引着我,让我来到了你的怀抱。

阴沉沉的天空一片乌青色。我抬头往上看,感觉天空似乎离我很近了,仿佛伸手就会触到云的清凉。乌云又如同一口大锅,压得我喘不过气来。我不知发了什么狠,开始肆意奔跑,估计是告诉你,我好想跑步,因为跑步时风可以把眼泪像汗水一样带走并蒸发掉。脚步如马踏飞燕般轻盈,耳边呼啸而过的是秋风,也是内心的不甘,两旁的景象在奔跑中已然模糊不清。

跑着跑着,我喘不过气了,便径直地躺在你的草地上,青草的清新扑鼻而来,充盈着整个身体。泪水似乎被你感动一般,不争气地从眼眶涌出,心里的憋屈在这一刻得到了释放。而你没有任何怨言地帮我擦着眼泪,听我诉说着内心的话。

不知是不是你为了逗我开心,派一只白色的蝴蝶展着翅膀向我而来,乖巧地停在了我的手上。它轻轻舒展着双翅,乖巧可爱。小蝴蝶绕着我飞了好几圈之后又缓缓地飞走了。谢谢你,给予我惊喜。

你仿佛在说:"别放弃,加油,我会见证你的成功!"我内心的最后一抹惆怅也在这一刻消失殆尽。

我缓缓地站了起来，如同苏醒的勇士再次出征。不知是不是你的魔力，天空变得蓝了起来，万里晴空，一片湛蓝。那种蓝是浅浅的，天空就像一块蓝水晶，给人的感觉是那样纯洁、清爽、善良。晴朗的天空没有一丝云彩，只有太阳高高地挂在空中，耀眼的光芒刺得我眯起眼睛。金黄色的光洒向大地，大地像广阔安静的大海，给人无尽的温柔。

　　我轻轻地抚摸着你的胸膛，回应我的是粘在手上的红色的塑胶颗粒，那是"狂风落尽深红色，绿叶成阴子满枝"中的红，仿佛在激励着我不断前进，永不停息。谢谢你！谢谢你！

　　操场的温柔，是在跑道上的陪伴。

　　操场的温柔，是在跌落谷底时的慰藉。

　　操场的温柔，更是南宁三中的温柔。

　　我想，不管过了多久，你依然会如往常一样，用博大的胸怀慰藉更多的人，向更多的人传递你的温柔。在建校125年之际，我在此为你歌颂，我将永远记住你，记住你的温柔以及南宁三中的温柔。我定将不会忘记你的期盼与鼓励，在今后砥砺前行、不忘初心！

奚晶晶

告别是为了更好地再会

亲爱的南宁三中五象校区：

  2016年的盛夏，我第一次与你邂逅，从此与你结下不解之缘，我三年的高中生活也由此开始，我也成了你首批学子中的一员。

  初入学时候，你我都是处于青春期的孩子。我刚刚完成初中阶段的成长，步入青年时期；而你，是南宁三中这棵百年巨树的一颗新种子，寄托着绿城南宁的关注与期待，播在五象新区。

  你那时候的样子尽显朝气与青涩。新校区的条件艰苦吗？我想无须多言。要知道，开学第一天，我们可是全体站着开完班会的，直到第二节课上课前，大家才在班干部的带领下搬回了椅子。甚至在开学后一周，还有因停电而暂停晚自习的小插曲。不过呢，大家很快安定下来，学会了苦中作乐。

我初入高中时，成绩并不是很好，不过学校从来不以成绩作为唯一判断标准，何况与初中相比，这里的同学普遍更优秀。优秀的对手可以激发出更好的自我。与优秀的同学一同探讨学习问题，分享经验，优势互补，大家彼此都能进步。我在第二次考试时比第一次有了很明显的进步。第二次考试是分班考试，大家依据自己的情况选择文科或是理科，我们6班大部分人保留下来，和来自其他班的同学一起组成了全新的13班。

组建了新班级，大家的学习效率更高了，不仅有新进步的同学（包括我），还有新加入的优秀同学，一下子点燃了班级内同学的学习热情，大家你追我赶竞为先。课上，同学们与老师积极地交流互动；课下，同学们畅谈自己的爱好、生活小趣事，或是组队去游玩。我喜欢在课余的时候在学校内散步。一开始学校内只有几栋建筑可用，但随着基础设施的完善，体育馆、礼堂、阶梯教室等陆续开放使用。第二年，游泳馆也投入使用了。

2017年，是南宁三中建校120周年，五象校区也已经投入使用满一年了。我与你的相处也逐渐融洽了起来。我们接受了彼此的优点与不足,也见证了我成长的足迹:第一次住校,第一次和同学合作完成手工艺术品,第一次在跨年活动上摆摊,第一次在高中校运会上拿奖,等等。我的成绩虽然有些许波动,但总体还是逐渐进步的,慢慢来到了班级前列。

从高三开始,我们就步入了总复习阶段,老师们从讲授基础知识点,变成全面复习课程内容、增加题型和做题思路讲解。各种考试的频率明显增加,大家对待考试结果的心态更平和,在不断地练习和总结中,班级的整体成绩稳步提升。

高考倒计时进入100天以后,我们对于各种试题均有一定的熟悉程度,知识点背诵比较完备,开始冲刺了。而这个时候,我的学习习惯已经成形了。我非常喜欢课后在教学楼四楼的连廊里吹吹风,或是眺望远处,或是自由畅想一番放松身心,心境仿佛如苏东坡诗曰:"浩浩乎如冯虚御风,而不知其所止。"我保持着这样松弛的心态,继续接下来的学习,直至高考

到来。

  2019年6月7日下午5点整，随着英语考试结束铃声响起，我们的高中生涯来到了终点。10多天后，成绩公布，我的总分为638分，拼尽全力，三年磨一剑，在那一刻，迎来繁花盛开。

  这3年，我与你有太多说不尽的话、道不尽的思绪，这几年的痕迹我们都清楚地知晓着。你送走第一批毕业生，同时迎来下一批新生。我们在这里留下了自己的痕迹、记忆，我也将带着在这里学过的知识、待人处世的方法、各种难忘的记忆，走向更广阔的天地。感情不仅在于留恋，更在于共同度过一段美好的时光后，在彼此看不见的地方，以回忆为动力共同前行。告别，是为了更好地再会，对守望相助3年的同学老师如此，对你也是如此。

  写下这封信的时候，我正在为我的下一个大考——考研作准备。大学是一个更复杂、更具挑战性的舞台，我会继续冲刺，正如我在高中时的做法那样。我由衷地希望我的母校桃李芬芳，将"敦品力学"几个字所蕴含的价值和意义继续传递给各位学子。愿我们再会的时候，能够看到不一样的风景。

雷安盛

奔跑的起点

亲爱的五象三中：

你好呀！时间总是跑得很快，蓦然回首，原来我离开你独自开启旅途已经1220天。班群里弹动的消息提醒了我，我们的母校要迎来125岁生日，我隔着朦胧的时光隧道看着你——我奔跑的起点，想对你说一些话。

你是母校最小的孩子。还记得第一次见到你的样子——崭新而凌乱。你明明才刚诞生不久，就已经张开双手来拥抱我们。开学后的第一个夜晚，因为桌椅都还没全，班主任带着我们来到了操场，给懵懂的我们上了第一课。我意识到我是要陪着你一起成长的。

  一切都才刚刚开始。突如其来的晚自习停电，同学们拿出手电筒，继续写着作业。你的给水系统偶尔会闹脾气，我们在教室学习时，只要得到蓄水车送水来的消息，就立刻跑回宿舍拿桶到宿舍楼下排队取水。冬天停热水，夏天停冷水。大家总是处变不惊地应对你带来的各种"惊喜"，陪着你成长。

  很幸运的是你的教学设施配置真的很高，我们早早地用上了希沃白板和空调。南宁夏天高温，课间从室外跑回教室，凉爽的空气真的给我带来了继续学习的动力。有时候，班上的同学会用希沃白板放视频，那是课间放松的美好时刻。

  校道旁的树苗和你一样年轻，挡不住风雨也挡不住夏天炙热的阳光。夏日的午后，我们必须顶着烈日从宿舍走过长长的校道去上课，焦灼的情绪难免让人感到煎熬，也会产生羡慕其他学校的林荫道的想法。但后来我们发现，正是因为这些尚未长大的小树给了我们更开阔的视野，让我们在上课途中可以直接地看到校道旁的篮球场上的同学们打篮球的身影。短暂的观赛成了我们紧张学习生活中放松心情的美好时光。

  我们是你培养的第一届学生。高中3年，你鞭策我们刻苦学习，同时也会举办各种活动，如成人礼、泼水节，让我们放松紧绷的神经。我记得成人礼有一个环节是要背着父母走一段路。当时我想要背起妈妈，我还没将她背起来她就不停地哭，恍然间，我意识到了我成年后的责任。这是你在我高考前给我上的最重要的一课。

　　那一年的高考，对于你我都是那么的重要。高考的第一天是端午节，你给每个人都发了用红线扎的粽子。我们把粽子挂在宿舍门框上，带着全校的祝福奔赴考场。我坐在去考场的大巴车上，看到小梅班主任在车外对我们招手，她背过身偷偷地哭。我大喊了一句："小梅别哭啊。"第一天的数学科目考完，大家脸色都不太好，回到学校上晚自习，大福老师来给我们加油，让我们不要在意一时的成败。我走出教室，给了小梅班主任一个拥抱。2019年6月8日下午5点，我意识到我即将不再属于你了，于是我特意在学校多留了一晚。我拍下同学们还稚嫩的笑脸，录下在学校的最后一天夜晚到白天的转变。我就要离开你继续向前奔跑了。

　　上了大学，很多人说"五三才是我理

想的大学"。是啊,我很想念你,不仅仅想念那里的同学和老师,还想念现在听到都会条件反射惊坐起的午休起床铃,想念会吱呀乱叫的桌椅,想念教室旁厕所会突然闹情绪的水龙头,想念不知道多久换一次滤芯的饮水机。你的好与不好我都全盘接受,我想念与你在一起的全部时光。

纸短情长,装不下一波波肆意荡起的记忆的涟漪。

祝年轻的你和我,未来之路光明灿烂。

劳莹滢

亲爱的象牙塔

南宁三中：

嗨！好久不见，125岁生日快乐呀！

光阴似箭，日月如梭，往事随风飘散，我与你度过的那刻骨铭心的6年，好像发生在昨天一样。上了大学，我来到了更大更繁华的城市，认识了更优秀的同学，但在我的内心深处，总有一座完美无瑕的象牙塔能触发我对中学时代的无限回忆。与你别离毕业那一天，成了我思念的起点。

仍记得2016年9月，我迈入了南宁三中初中部的大门，开启了我的"南三旅程"。在那里，我认识了许多优秀又可爱的老师们,感谢他们的帮助与教导,让我这个懵懂无知的小孩一步步成长,一步步向优秀靠近。在那里,我还结识了许多挚友。卓越三班,每每想起它,我的内心总会响起一个声音:"世界上怎么会有如此完美的班级!"

"作业写了吗?古诗背了吗?"刚组建班级时开展的亲子活动节目中经典相声台词深深刻在我的脑中。"日高悬风拂面,留下丝丝温暖",《咏春》一曲响起,勾起那年元旦和全班女生一起排舞的美好回忆。"奔跑吧,骄傲的少年,年轻的心里面,是坚定的信念",班歌响起,我的脑海中浮现出那年校运会的情景:我们班在跳大绳比赛失利后,大家快速调整心态,接着在大队接力比赛中奋力奔跑,打破上一年本班创下的纪录,连续两年取得校运会总分第一名的佳绩,全班同学在操场上击掌、欢呼、挥旗。

青春是那么美好,在这段单程的旅途当中,我们拥有独一无二的记忆。无论它是迷茫的、不安的,还是欢腾的、理想的,它都是最闪亮的日子。

不枉费初中3年的努力,我如愿考上了南宁三中的青山校区,来到了梦寐以求的学习殿堂。

2019年9月,沐浴着温暖的阳光,我踏上了新的"南三旅程"。在南宁三中的第二个3年里,埋藏了太多零零碎碎青涩时光的记忆。它们与五彩斑斓的天空、与内心深处的独白,合成了一部动人的青春剧。

怎么会不怀念中学时代呢？除去繁重的学习生活和大大小小的考试，南宁三中还有元旦通宵晚会、映瞳影像节、新蕾艺术节、乌龙寺讲堂、爱心信使等活动。当我来到大学和同学们讲述曾经的中学生活时，没有人不感叹，没有人不羡慕。还有那诱人的食堂，完完全全满足了广西人对粉的爱——早餐来一碗热乎乎的牛腩粉，午餐唢上一碗螺蛳粉，夜宵还能再来一碗炒粉，真是美哉！

最怀念的还有南宁三中的校运会——一个上过各大社交平台热搜的校运会。"有啥扛啥，啥都能扛"的跑旗和"有啥抛啥，啥都能抛"的人浪，是每年校运会的传统节目，也是每年校运会最快乐的时刻。我还非常怀念在校运会上跳舞的环节，和大家拉手转圈圈可以忘掉一切烦恼！

"一朝沐杏雨，一生念师恩。"卷帙浩繁的世界，最初都有良师开卷。我们与老师们都是彼此人生中的过客，但老师们在我们人生中出现，不仅让我们有能力拓宽探索世界的维度，也让我们的精神世界有了厚度。犹记得初三和高三那两年，我的考试成绩不理想，我的两位班主任和其他课任老师一次又一次地鼓励我、开导我，让我坚持到最后。感谢他们，做我平凡岁月里的耀眼星辰。

高三一整年，学习几乎占满了我的每一天。在半梦半醒中早起诵读，为抢夺时间以百米冲刺的速度跑向食堂吃饭，紧张刺激的周测和月考，宿舍晚休熄灯后同学们欢乐的夜谈时光，还有那专属于2022届的雨夜露天音乐会、穿上西装和礼服成为"小大人"的成人礼。我们的人生再也不会拥有这样的一个夏天了，那段苦中作乐的日子，是南宁三中给予我的青春，灿烂且美好，足以让我用一生的时间去怀念。

南宁三中，我真的很想念你，如果时间能倒流，我愿意再和你相约一个"6年"。最后再说一声："125岁生日快乐！"

张源霖

南三往事

亲爱的母校：

2019年毕业之后，我只回去看过你一次。当时的很多事情于我而言，像隔着一层毛玻璃，我能够看见，却看不太清了。然而，高中的生活给予了我毕生难忘的回忆，它一直在悄悄地陪着我，仿佛雾霭散去后，一派明媚的夏日景象。

"温暖的被窝是埋葬青春的坟墓。"每次想起这句话，即使大脑仍昏沉，我也会获得直面早起的勇气。"先到教室就能先进入状态。"在南宁三中求学的3年，我的同学们始终坚持践行这句话，每天早上7点便整齐地坐在教室中开始晨读。这让总是踩点到校的我很是敬佩。同学们的琅琅书声中暗暗包裹着胜负欲，有时会与隔壁班级比较读书的音量，书声音浪强弱相互交替。这种默契的比拼，我在毕业后便鲜少遇到了。

我们的每一天都被课业考试填得很满，好在有丰富的课外活动，不仅使当时的我们的天性得到短暂的释放，而且让我们拥有了终生难忘的人生体验：春天的成人礼、夏天的泼水节、秋天的校运会、冬天的跨年夜……得益于这些课外活动的交流，同学们的关系变得日益紧密起来。毕业几年以后，大家提及当时的种种经历，都仍会面带笑意，对过往趣事如数家珍。

学习生活是中学时光的主旋律，郁积已久的压力总会让人感到疲惫。每天晚餐后的时间最为珍贵，这时我总会带上一本课外读物或英语美文，去真正地感受精神世界的自由。上高三的时候，学校的图书馆正式开放，那里给了我尤为深刻的印象——书籍皆是崭新的，翻阅时墨香扑面。阅读的时候不抱有任何功利的心态，专心与自己也与笔者对话。每每读到直击心灵的情节，我都像着了迷，当停下来回味时，抬头已是满目的落霞，太阳西落后的余晖悬浮在茂盛的灌木丛周围，夏日的黄昏给世间万物都披上了一层温柔的纱。

最开心的晚自习当属有语文晚读的时候，每次语文课代表在"万众瞩目"下拿着准备好的视频U盘走上讲台，坐在开关旁的"灯光师"总会抢先一步营造氛围。与身处电影院不同的是,黑暗中也偶有需要记笔记作为素材积累的时刻,或是身边的同学总会"锐评"一番。没有视频的时候,相应的时间则会变成课外读物的阅读时间,班上专门用来放置课外书籍的柜子里,最受欢迎的当属杂志《Vista看天下》,资源最紧缺的时候,前后桌4位同学得共享一本杂志,但大伙儿阅读得津津有味。

每天的晚自习结束后,相比于马上离开,我更乐于待广播音乐响起后,伴着月光和钢琴曲为一天画下句点。在南宁三中的校园里,音乐艺术与学习生活总是结合得很紧密:晚饭后的广播、晨读后的跑操有同学们喜欢的音乐播放,有学习小组轮流演唱励志歌曲,有周扬林老师在班会上推荐我们大声跟唱的《相信自己》和《我真的很不错》,还有毕业典礼晚会上表演的超高难度曲目《我不离开》。虽然艺术与现实从不混淆,但是我对艺术的追逐是从未停止的。

大学期间我有幸观看了《雷经天》话剧。雷经天是南宁三中的杰出校友。话剧虽然讲述的仅是雷经天传奇人生中的冰山一角,但经由此话剧,我在了解雷经天更多光辉事迹的同时默默地建立起了大学与高中的联系,仿佛是我与南宁三中冥冥之中的前缘再续。

回忆至此,虽有"欲买桂花同载酒,终不似,少年游"

的哀伤,却也有"闪烁的太阳已越过高傲的山峦,幽谷中的光点犹如泡沫浮泛"的明媚。在 125 年校庆来临之际,作为南宁三中五象校区曾经的一员,我试着将过去的事情依次串联。我想,通过这样的方式不仅能够逐渐看清自我,也能够唤起南宁三中校友更多共有的记忆。

谢舒源

我和我的文科1602班

亲爱的文科1602班：

见字如晤。

正在准备考研的缘故，备考的紧张氛围让我仿佛又一次回到了高三的那段时光。每当深夜孑然走出大学图书馆时，更是怀念那些和高中同学一起学习、一起下晚自习的日子，心中感慨万千，遂用拙笔记下一些我与你的往事。

我凭借中考成绩压着录取线考进了南宁三中五象校区，本身以为自己已经足够幸运了，没想到幸运的时光竟眷顾了我3年那么长。是你——亲爱的文科1602班，给了我认定自己是幸运儿的底气。

高一分班前，我们原班级里的男生包括我在内只有两人选择了文科。分班后不久，和我一起读文科的另一名男生选择转回了理科班。我一个人面对几乎没有一个熟人的新班级，难免怀着怯懦和不安。上课神游，下课低头，不敢与人交流，就是我在文科1602班最初的写照，那时候从未想过日后我会在此处留下什么情愫。

我选择文科班的原因是我对地理饶有兴趣，我喜欢看地图、画地图，没想到这成为我在新班级的"立身之本"。我当上了地理课代表，随着地理成绩在后面的屡次测试中得以证明，我也慢慢得到大家认可，逐渐有一些同学来找我答疑解惑，这令我常常沉溺在为同学解出难题的骄傲和满足之中。我慢慢顺利地融入了这个温暖的新班级。后来，在文娱委员的青睐之下，我把标准的中国地图和世界地图手绘在了教室板报上，那两幅图一直被保留到我们毕业。

你是由42个女孩子和9个男孩子组成的"经典结构"文科班，其中的每个个体都散发着独特的光芒：葫芦丝满级选手"川哥"、英语脱口秀佼佼者"阿浪"、书法作品如艺术品的"黄老板"、校运会4×100米女子纪录保持者四人组……当优秀的个体集聚为一个整体，你便像最炽热的火炬一般滚烫耀眼：斩获课本剧全校最佳奖、男篮联赛亚军、男足联赛优异成绩……那一墙的奖状，就是你作为一个集体最辉煌的勋章。

回头再看,你让我们如此幸运,把那么多负责认真又有趣的老师带到我们身边,陪我们度过了那段我们曾经以为最艰难的日子。例如,把自己的浪漫血液融入语文课,开创了"x+y"教学法讲解知识的语文老师;球衣上印着"25号"("2"代表着我们2班),即使没有陪我们走到毕业,但也永远对我们班一往情深的俊强老师;半路接手我们却不辞艰苦、兢兢业业的健身猛男周武老师;用自己的形象和教学把"elegant"(优雅的)这个单词诠释得最生动的千雅老师;办事井井有条、干净利落又漂亮大方的珠珠老师;天底下最可爱、最甜美、最温柔,让我们亲眼见证了何谓人生幸福模样的施然老师;罗曼·罗兰和"红魔曼联"的铁杆粉丝、被同学们亲切称为"锋哥"的历史老师。他们是我们那段日子最真挚的伴侣。

你所给的勉励在我们毕业后依旧绵延不绝。班级将每年的3月7日特别设定为

"女生节"。即使大家分散各地,我们班9个男孩子依旧像以前一样组织起来给42个女孩子献上问候与祝福。读着那些亲切的问候,总是能回忆起文科1602班作为一个整体抱团取暖时的那种温馨。教室白板上方"越努力,越幸运"的标语,高考倒计时牌子上那个指着全班人问"今天你足够努力了吗?!"的"大手",不仅能让我们想起那段星光下赶路的日子,也让现在的我们从未停下向前的脚步。"世界上只有一种真正的英雄主义,那就是……"锋哥的这句话在我耳边出现的次数可能比他课上每一个具体历史知识点出现的次数都要多。如今,我在面对一些困难、鼓励自己时,总是无意识地引用道:"我们高中班主任曾经最喜欢说罗曼·罗兰的那句话……"

上了大学之后,我和大学同学偶尔谈及高中的事情,他们说高中面临的压力真的好大,他们抱怨高中除了学习就是学习,他们觉得大学至少是比高中幸福的。每当我为母校、为你发言时,难以置信的表情总是浮现在他们脸上。换个角度细想,如果不是我曾经清清楚楚地经历过这些,我也不会相信这竟然是高中的样子。韦屏山书记曾经说,南宁三中就像大学,我还不以为意。如今,3年过去,用一件件往事对比现在,我确证他的话是事实。回想起元旦通宵晚会上,文科1602班主管摊位的那一碗羊肉汤,怀念之情涌上心头,我后来喝过了很多美味的羊肉汤,却再也找不到那时候那种纯真与青春的味道;高考前的泼水节,老师与学生一起泼水狂欢,毕业后也只在电视上看到过;水上男女接力运动,铺天盖地的欢笑与加油声如今只能怀念;母校举办的REXUP音乐节狂欢,那是如此的难得……"敦品力学"的校训、"真·爱"教育的理念,在我离开学校有了更多人生经历之后,才发现它们的价值如此出众。

缅邈岁月,缱绻平生。时间一转眼就过去了3年,而你与母校在我心中永远那么皎洁,你们以坚贞、勇敢作礼物赠我,我以你们给予的知识作护荫。我希望带着你传授的真爱与知识持续发光发热。

张锦玉

忆往昔，展未来

亲爱的南宁三中：

  好久不见！

  不知不觉，我从南宁三中毕业已有3年了。每每回想起高中的美好时光，那种真切的幸福感仿佛还在昨天。在南宁三中的学习生活是我人生中美好的回忆，我在此积累了很多宝贵的人生经验。

  2016年9月，我怀揣着无限憧憬来到了南宁三中五象校区开启我的高中生涯。我很荣幸能作为五象校区的第一届学生。2016—2019年，我见证了五象校区的发展，更见证了五象新区的逐渐繁荣。

  21世纪是一个信息时代，我们的生活

被塞满了各式各样的信息碎片。在大学,数不胜数的课程App、纷繁错杂的网络课程、繁多冗杂的电子文档充斥着我的生活。每天不停地盯着电子设备上网课、写作业、读文献,已经成了我的生活常态。这让我十分怀念高中纯粹的校园生活,那时即使没有手机,也能过得充实且快乐。

与大众所认为的紧张、焦虑且枯燥的高中生活不同,南宁三中的校园生活是丰富多彩的。高一到高三,跨年晚会陪伴了我整整三年,课本剧比赛、十大歌手比赛、校运会以及标志着我们即将踏入社会的成人礼、紧张冲刺高考前举办的泼水节等,都让我们的高中生活充满了色彩。

在南宁三中,我经历了最有意义、最温暖的跨年晚会。跨年晚会上,每个班都经营自己的小摊,售卖各类食品及精美礼物,张灯结彩的校道上洋溢着大家的欢声笑语。晚上9点左右,元旦巡游活动开始,各班穿着不同主题衣服的同学在校园内巡游。古装、少数民族服饰等彰显了中国传统文化的魅力以及学生的创造力与想象力。校园内还布置了三个舞台,精彩纷呈的晚会节目令人目不暇接,让全体师生纷纷鼓掌称赞。不仅如此,更有丰富精彩的游园活动,师生共同参与,增进彼此感情的同时收获元旦的祝福与礼物。最让我暖心的则是零点过后的礼物交换环节。每位同学都会为身边的同学准备一份精美的礼品,新年的钟声响起,大家抽签交换礼品。同学们打开的是一份惊喜，是一份愉悦，更是一份祝福。

在南宁三中，你不必每分钟都在学习，但你一定每分钟都有所收获。这里浓郁的学习氛围以及强大的师资力量让一批又一批刻苦努力的学子有了更清晰的前进方向，最终实现了自己的梦想，成了社会的精英骨干和栋梁之才。感谢南宁三中给予我的力量，让我在大学中能有自信地走向各个舞台，收获不一样的精彩生活。

2019年的盛夏，我们踏上了人生的新征程。漫漫人生路上，三年的高中生活是我人生中美好而难忘的光景，更是珍贵无比的宝藏。时间的转轴匆匆转过，我们即将大学毕业，开启人生的新篇章。

最后，在南宁三中125周年校庆来临之际，我真诚地祝愿母校：光辉历程更辉煌，人才辈出代代强，桃李满天扬四海，硕果累累振中华！

王婉馨

有超能力的跑道

亲爱的跑道：

你好呀，让我又爱又恨的朋友。突如其来被要求写一封信为母校125周年生日祝贺，我数次提笔再放下竟不知从何说起，看到楼外的一抹艳色，便决定也为你书信一封，以抒我心中之意。

我们认识已经一年有余了，你好像从没和我交谈过。或许你已经和我对过话，只是我没法听见你的低语；又或许你会因为我疲惫时的一句抱怨而赌气，把自己伪装成一条不会说话的普通跑道。没关系，无论怎么样，你都是我心目中最棒的朋友之一。

你好像有很多奇特的超能力。比如，你能伸缩自如。当我跑长跑时，你就变得好长好长，长得让我看不见终点，长得令我的脚步越来越沉重，长得让我每一次长跑的艰辛都被无限放大。当我在你的红袍上漫步时，你又变得好短好短，短得我只翻动两页书就已经围着你绕了好几圈。我有时候在想，为什么你不能在我跑步的时候变得短一点儿，小憩的时候变得长一点儿呢？后来，我理解为这是一位益友对我的磨砺。

如果要给校园里的建筑选搭档，我觉着你和你围着的那片草地必然能夺得桂冠。你是鲜艳夺目的炽焰，他是生机勃勃的希望。还记得这学期晚自习前的黄昏吗？少年们在绿茵上奔跑，我与朋友们和你一起谈天说地。真神奇，每次在你身旁，我们都能释放自己所有的压力，和夕阳、云彩描绘未来的模样。还记得那个很幼稚但却怎么玩都玩不腻的真心话大冒险游戏吗？我们走在你的朱红铠甲上，放下平日的束缚，倾听彼此真心的话语，释放自己心里堆积的压力。我们每次都能想到一些鬼点子，也许你也偷偷加入我们这些"幼稚鬼"的战斗了吧！

嘿，不知道你记不记得今年的夏天？你又送走了一批学长学姐，貌似没有多少时间也要轮到我们了。不知道你最后一次感受他们将离去的步伐停在你身上时你是什么感受。是想到准备迎来新朋友的雀跃，还是老友分别的神伤，或是想到有些人后会无期的惆怅，抑或是希望他们在你对面连廊挂上的祈愿能够成真？你不会说出来的。但作为你的朋友，我想替你做决定：我们都希望他们能奔向更光明的未来！不管你的想法如何，总之我想你是不会拒绝这样善良美好的祈愿的！

不知你还能不能想起去年的元旦夜，我在你的铠甲上飞奔，冬天刺骨的风好像刀子一样划得脸生疼。当我快跑到旗杆处时，你的铠甲突然被照亮了，紧跟着的是一声烟火炸开的声音。红色的火花划破了夜幕，金色的光点将我的半边脸庞照亮。风扬起我耳后的发丝，于是它们散进冬夜中，被光照亮的一瞬间变成了金色的雪粒。你一定记得的，我坐在你旁边看烟火绚烂，楼上的学生们都趴在走廊边，欣赏这冬夜独特的暖意。那时，我的脑海自动播放了那首动漫主题曲的旋律。跑完一圈，我身上出了一些汗，这冬夜变得不再冰冷。你一定能感受到我的喜悦。

哦，对了，怎么能忘了那次体育课！我们热身的时候，天空飘下绵密的雨。老师没喊停，我们也没停下，在雨幕中同你奔跑。那时的我们，每个人都好像热血小说中的主角，什么都不能阻挡我们往前跑，什么都不能停住我们的脚步。其实我因为起步时体力消耗过多，不争气地想过放弃，但当我低头看到你被雨水冲刷后的鲜红,我便不愿意认输,别人能做到的,我也一定能做到。谢谢你的鼓励,这一年来我不是没有退缩的想法。奋斗的过程很艰辛,所以我更不能牺牲掉前面的汗水半途而废,我没有认输,我一直坚持了下来。

你是很棒的朋友,也是很棒的教练。我相信不止我一个人这么注视过你的色彩,也不止我一个人从你身上得到前进的动力!来到这里一年有余,我们还有一段不短的路程要走噢。未来的日子,我们永远向阳,永绽光彩!

石雅文

想念南三君

亲爱的母校：

　　好久不见！我很想说一句："南三君，好想念你！"

　　我们的缘分始于 2019 年金秋九月。我的脑海中完好保存着那一年与你初遇之时我那满怀的欢喜之情。我带着好奇与升入高中开启崭新生活篇章的喜悦，置身在偌大的校园之中仿佛有着一种神奇的归属感。如今我远离家乡在异地开启大学阶段的学习，此刻想起南三君你，记忆中的画面随着双手在键盘上一个又一个文字敲击慢慢浮现，我才明白那种归属感是什么，是对高中生活与三两好友一起娱乐的怀念,是对高中生活校运会、足球比赛、跑操比赛等一个又一个团体活动中班上的同学们团结一致向着共同目标奋进努力的触动,是对高三时期老师们细心的关怀教导、同学们相互鼓励不懈坚持的感恩,是曾经在温暖的大家庭中成长的荣幸与自豪。

记得初到三中五象校区,我是带着些许遗憾和失落的,但奇妙的缘分还是让我渐渐地对这个学校产生好感。未分班前的高一班级快乐温暖,在班主任的调动下我们唱着严守纪律歌参加了军训会演、红歌赛,期间认识了志趣相投的好朋友……那一年我第一次参加高中的校运会,大家在热情满怀的开幕式后快乐蹦迪,音乐声、呼喊声蔓延整个操场。那一年的跨年夜,大约是我第一次参与学校举办的大型晚会。我因参与学校学生工作和社团工作,没有能够悠闲地在校道上、操场上、小广场上享受元旦通宵晚会各班张罗布置的特色街、展示表演的精彩节目,但在空余的时间我穿行在绚烂彩灯下,在跨年的那一瞬间最为独特的灯光秀中,一句"新年快乐!"让我拥有了难忘的独家记忆。

命运齿轮的转动发生在2020年。

面临着全球性疫情,无论是我个人还是大家的生活都被打乱。新冠疫情也让我与五三君密切相处的日子大大减少,分班之后回到学校已经是2020年的5月了,学习文科短短一学期后，由于各种安排我转班了。后来，我遇到了我命运中的5班，我最亲爱的2019级（5）班。

再次以5班人的身份写下"2019级（5）班"这一个班级名，眼泪呼之欲出，一切一切的美好尽数展现在眼前。记得在上高中之前我的幼稚想法：大概再也遇不到像以前那样温暖的班级了吧。遇见5班后我才明白，所有遇见的都是更加美好的故事开端。

至今，我依旧清晰记得第一次5班举办的智慧团建生日会上，写着我名字的巧克力蛋糕给我带来的温暖与感动；记得面对我提出的千奇百怪的问题，依然不厌其烦事无巨细地为我答疑解惑的老师；记得教师节时，同学们集思广益为老师亲手制作的"奖状"；记得校运会上，同学们在雨中撑伞为运动员们拍照留影、加油呐喊，并用一篇篇慷慨激昂的稿件为运动员助威的激情场景，以及后来看到稿件被展示在公告栏上大家脸上露出的喜悦；记得足球赛期间，同学们齐心赶往球场助威，并共同见证班级男球员驰骋绿茵，最终通过点球大战赢得首场赛事胜利的雀跃与感动；记得我与好友们在碧海蓝天下畅想未来，共同纾解高三压力带来的焦虑情绪，并坚定砥砺前行的决心；记得高三时在操场锻炼时，与同学们擦肩而过时，彼此热情的一声声招呼；记得同学们一起享用"夜宵课代表"买回来的鸡腿、烧烤、饺子的满足感；记得高三时每一位同学认真完成考试后,激情四射,尽情放松自己的每一张面孔……5班就是这样一个充满色彩的班级,既严肃又活泼。

5班的一切都让我感到不舍:留恋清晨教学楼后方缓缓吹来的每一缕清风;留恋在长廊上背书时见过每一次旭日东升、每一场大雨倾盆;留恋高考前一周醉人的落日,那片粉色渐渐过渡到橙色的晚霞,就像通往未来象牙塔的时间之桥;留恋高三四合院内在灯下挥舞着旗帜接力奔跑的身影;留恋老师们在炎热的六月在教室外为我们耐心解题的时光;留恋进入高考考场前的每一位为我们送考的老师、家长和保安叔叔;留恋高考结束后,在写着"蟾宫折桂立苍穹 金榜题名展雄风"横幅之下由衷欢笑留影的每一张笑脸。如今回顾种种,再看着手中的集体照,感觉照片里的大家似乎有话要说:"这是结束,也是开始,大家未来可期!"

5班,永远都是我心中最爱的5班;三中,充满着无限神奇美丽的校园,我亲爱的母校。

好像写了很多,却又不是很长的一篇文章。漫漫文字却也无法纾解对我亲爱的母校——南宁市第三中学的无限思念,感觉落笔一瞬一切感慨遗憾都化成怀念的风在空气中飘荡,再次续写着我的高中生活,镌刻着记忆中的美好。在这一封给母校的情书的结尾,就用我简陋的语言化用郁达夫先生在

《故都的秋》的一句话：三中，这我最热爱的南宁三中，若留得住的话，我愿采撷世间美好的三分之二凝聚，称其三分之一为南三君，让我怀念又思念。

最后，写一首诗送给南宁三中五象校区。

拟从军行

十载功名千里路，豪杰皆作冢中骨。
披坚煮酒谈诗赋，纵马提刀拓皇图。
险水峻山未停毂，刃风箭雨飞身渡。
唯有同袍枕戈处，勒马一步一回顾。

芋寅曦

爱要大声说出来

南宁三中五象校区：

　　你好，我的母校。这封情书，我以"你好"开头。

　　时间永不停下脚步，昨日之日不可追。这样想来，我与你相处的日子便越发显得珍贵。说起来，为什么我要强调是五象校区呢？因为这个称呼对我们来说有特殊的含义。

　　南宁三中是一个有着125年长久历史的高校，拥有强大的教师资源、丰厚而独特的文化底蕴。而你是南宁三中最小的孩子，是初入教育大舞台的"小萌新"。

　　你大概是我心目中最特别的学校了。

你给我带来的第一次感动,是在元旦通宵晚会。那一晚,班主任因为家里突发状况,不能和我们一起度过跨年夜,于是班委组织大家一起办好元旦通宵晚会。那一晚,我大半的时间都留在大本营,守着两个小小的炉子。狭窄的临时街道上是熙熙攘攘的人群,我独守在光线阴暗的大本营难免有些寂寞,但内心却慢慢被班级归属感充填满了——这是我的班级,我和同学们都在一起努力。

晚上12点,所有的参与者一同望向宿舍楼,宿舍的灯光陆陆续续亮起,组成了"2019"和"2020",虽然开灯的过程有些坎坷,但也最终是完成了,仿佛在预示着接下来的一年虽有波折,但我们都将乘风破浪。

我永远记得,在明媚的午后阳光下,校园中的小猫慵懒地躺在台阶上,柔软的毛在阳光中根根分明,闪闪发光;永远记得,落日余晖穿梭于大大小小、形态各异的叶子之间,落在一只贪吃的菜虫身上,那令"小菜农们"有些厌恶的样子竟也变得可爱起来;永远记得,从清晨的第一缕阳光到教室的灯光亮起又熄灭,老师和同学们的影子时长时短,看似周而复始,实则每日都有新的变化,每一天都是新的记忆。

在学校里,我遇到了愿意为我排忧解难的老师,也遇到了曾经针锋相对但最终冰释前嫌的同学,更遇到了一辈子都能交好的知心朋友。毕业前一晚,宿舍的同学一起出门去团建。回到宿舍时，看到宿舍地面因为整理行李而一片狼藉，那时我忽然意识到，我下一次出校门，或许就没有回来的机会了，内心生出一个有些荒唐的想法——或许我这辈子都离不开这所学校了。

但是怎么可能呢？我总有一天要走出象牙塔，迎接新的人生。

我亲爱的母校，我们对你来说是不是也是特殊的呢？我希望答案是肯定的。都说学生见证学校的发展，我们之间的共同回忆或许就是我们之间特殊的联系吧？无论我们走到哪里，回想母校，心中都能拥有一份柔软与温情。

爱要大声说出来。我爱你，我的母校。

有些遗憾，这份情书要以"再见"来结尾，但再见并非永别，我愿相信，你总是与我们同在。

林潘雨晗

何意阃阈间，沛然江海深

亲爱的母校：

岁月无声。高中三年的时光如一艘红帆船，在碧波荡漾的大海中航行，越行越远……如今我已是一个大学生。在南宁三中经历过的点滴往事和浓厚的师生情，都成为我这辈子忘不了的记忆。

我的班主任是一个个子矮矮的、身材有点胖胖的女老师，我们都亲切地叫她"沛沛"。记得初次见沛沛，她的眼镜下藏着一双略显凌厉的眼睛，她有着小小的嘴巴卷卷的头发。"大家好，我是你们的班主任，不出意外的话，我会陪着你们过完这三年。""同学们记住我最讨厌的话就是

'差一点'。差一点是差多少呢？这种不清不楚的话我们不能说。"这些话我记了三年，如今又在耳边响起。记得第一次听到这些话的时候，我对她还充满了偏见，认为这个老师不好相处。可后来发生的种种事情改变了我对她的看法。沛沛的教学能力非常出众，下午第一节语文课，她总是能让昏昏欲睡的同学们打起精神。我和沛沛第一次深度的交流是在高一第一次月考质量分析时。刚上高中的我明显不适应新的学习氛围和学习方式，第一次月考便一塌糊涂，考到了年级倒数一百名。沛沛看着我那惨淡的成绩条，安慰我道："老师很欣赏你的性格，老师相信你将来读了大学，出了社会，肯定可以成就一番事业，只是现在的这个成绩，可能还达不到你的目标，我们就像乌龟一样慢慢地前进，加油！"这番话一直都深深地埋藏在我心里，我好似真的从一个毫无目标的小虫变成了拿着刀剑的"乌龟战士"，高三的某次考试中，我成绩排在班级第三。沛沛是我遇见的最好的老师。在我难过不开心时她总能安慰我，让我振作起来；在我每次早上没吃早餐时，她总会关心我给我吃热腾腾的早餐。尤记得高三冲刺阶段我无法回家时，沛沛亲手煮的那一碗热腾腾的鸡蛋酒酿圆子让我充满了继续努力向前的动力。我想，在南宁三中这样一个美好的地方，遇见了全世界最好的老师，她像妈妈一样包容着我的一切。南宁三中就是我的家，承载了我好多好多的回忆。

  在南宁三中，我度过了快乐充实的高三。有可爱的同学陪伴身边，有耐心的老师细心教导，有给力的校领导帮我们释放压力。即使课业作业很多，考试很累，许许多多的测试压在身上，学校也会设计大大小小的活动帮助我们释放压力。比如：成人礼上大家可以穿着自己喜欢的衣服和朋友拍照聊天，留下属于自己的青春记忆；一周一次的投篮趣味活动中，少年们发出的欢呼声和笑声画出了独特的青春印记；百日誓师，我们喊出了青春誓言；年级大会上，年级组长们的歌声让大家都乐开了花。很幸运，我的青春记忆都来自南宁三中，南宁三中给了我最美好的三年，我爱南宁三中的一切。

  人们都说，只有毕业了才会知道学校的美好。我在南宁三中求学的三年，很少感受到压力，大部分的时间我都被满满的幸福围绕着。闲云潭影日悠悠，物换星移几度秋。走过校园的角角落落，嗅过校园的花花草草，满心的不舍让我流连忘返。感谢母校，您为我们撑起梦想起航的风帆，给我们的人生勾画出光辉的一面。

三中学子

爱的羁绊

亲爱的母校：

　　时光荏苒，岁月如梭，转眼间作为南宁三中五象校区第一批学生的我，今年已是从高中毕业后的第三个年头了，我即将大学毕业。现在回忆起往事，那些为迎战高考奋力拼搏的艰苦岁月，已然成为一份美好的记忆留存脑海之中，对你的思念和爱也伴随着记忆滋生。

　　骄傲、感恩、想念，是我对你的3种情感。作为南宁名气极盛的高中学校，我为能加入南宁三中大家庭而感到骄傲、欣喜。在母校度过的3年时间，我感恩老师和所有工作人员的教导。毕业之后，我怀念所有与母校相关的人与物。

对于我来说你是特殊的，你是我的母校。我想，对于你来说，我也是特殊的，作为第一届南宁三中五象校区学子，我想我就是你开枝散叶后的一枚新果实。

刚入学时的样子仿佛还在眼前。那时候新校区的基础设施还存在不成熟之处。就像老师当时所说的一样："虽然现在很艰苦，但是之后这些经历会成为美好的回忆。"这是第一届学生的独有记忆：突发停电，大家打手电筒看书，或是在操场上玩破冰游戏；外部施工导致水管破裂，同学们在运水车处接水……一切历历在目，都成了今天可以调侃和回忆的趣事。

我对你满怀感恩。

感恩你所举办的活动，让我的人生更丰富多彩。红歌比赛上，我有了作为领唱展示自己的歌唱实力的机会，尽情诠释对音乐的热爱。运动会上，我展示作为运动员的飒爽英姿和对体育的热情。元旦通宵晚会上，我参与摆摊经营活动，体验了一把跨年夜的狂欢。文化活动上各种各样精彩纷呈的歌舞表演，帮助我树立健康向上的审美观念。我在活动中培育自己勇敢、大胆、坚韧不屈的品质，在你的怀抱中茁壮成长。

感恩老师们和各工作岗位上的工作人员。老师们风趣幽默、专业性极高的课堂授课，耐心细心的辅导和暖心的心理疏导，让我们在温暖的氛围中增长了新知；宿管老师严格的宿舍卫生检查要求、傍晚的巡逻让我们养成了热爱劳动、早睡早起的习惯；警务人员坚守值班岗位，认真巡逻，为我们营造安全和谐的学习环境；食堂工作人员的辛勤劳动让我们健康成长。

在你的怀抱里我度过了15岁至18岁的青春岁月，这是属于人生分水岭的重要阶段，青春里珍贵的年华。是你提供了先进的教学设备、美丽明亮的教室和舒适的宿舍，让我在良好的环境中专注于学习，不断汲取知识，成长为更优秀的自己。

母校，你关联着各种各样的我，提及你我就会想起那段美好青春，提及你我就会想起那些可爱可亲的人，提及你我就会想起那个年轻向上、青涩的自己。我的青春和你上了一把命运的锁，永远相连着。

如今，我从青涩慢慢步入成熟，在你的见证下从未成年跨越到成年。在我的见

证下你开枝散叶,开创五象校区。3年不是你我相伴之路的终点,我们仍然相互关联,拥有着难以割舍的联系。你是我的另一个家,给予了我温暖和幸福,3年的培育之恩,令我永生难忘。在你潜移默化的影响和"敦品力学"的校训教诲下,我继续探索如何成为更好的人、更有担当的人。

欣闻你即将迎来125岁生日,身在校外,我怀着一颗赤子之心,祝愿你的未来越来越辉煌,再谱华章!

吴 敏

永不消逝的光芒

我的太阳：

　　还记得我吗？我是在南京师范大学念书的鼠鼠啊！说起来，我能来南京师范大学这所优秀的院校，还是因为太阳你呢。是你在三年的时光里为我带来光辉的恩泽，使我得以在温暖的环境中不断成长，并最终走向更高的平台，走向更好的未来。

　　三年前的金秋八月，中考失利的我悄悄地来到你身边，像一只抱头鼠窜的老鼠，不断地逃离失败的现实。我自暴自弃、拒绝交流，独自在黑暗的角落一遍遍尝着失败的果实。一个学期后，你，我的太阳出现了。你找到了我，并开始一点点照亮我阴郁的心房，点亮我的青春。

你找到我后，我的身边出现了一群同龄人。他们活泼开朗、积极向上，每一天都挂着笑脸，每一天都有充沛的精力，每一天都有说不尽的鼓励的话语。奇怪的是，我发现他们同我一样，都经历了中考的失利，但为何他们没有同我一般的悲伤和懈怠呢？"为什么要悲伤呢？与其沉浸在过去的痛苦中，还不如笑对未来，拼尽全力，去实现未来的成功。"是啊，我为何要浪费大好的时光和精力去回顾过去呢？我还有未来啊！一时的失败算什么呢？未来才是最重要的啊！我走出了阴暗的角落，走进了太阳你的怀抱。从此以后，我也开始，每天都挂着笑脸，每天都刻苦努力，每天都互相勉励。我变得愈发开朗，对未来充满希望；我彻底抛弃了曾经的失败，自信且坚定地走向梦想的实现之处。是你，我的太阳，让我能够遇到这么优秀的伙伴。他们就像小太阳，用自己的乐观与坚毅不断感染我，为我带来永不消逝的光芒。是的，有了这一群小太阳的陪伴，我毫无顾忌，踏着愉快的脚步走向胜利的彼岸。

可是就在前进的途中，我们被新的黑暗所包裹，那便是学业的压力。那一道道难解的题目成为我们的眼前大敌，那一次次难考的试题成为我们的畏惧之物。小太阳的光芒也无法穿透这股黑暗。正当我们气馁之时，我们身边又出现了另一群人——我的大太阳们。他们学识渊博,恪尽职守,每一天都在不停地向我们传授新知。他们对我们提出了严苛的要求,让我们严格按照规定的形式完成题目,让我们认真地记忆知识点,让我们准时准点参加每一场考试。在他们的带领下,让我和小太阳们足以突破黑暗,看清前方的道路。阳光虽刺眼,但却能穿透黑暗。这群大太阳,释放着自己更多的能量,只为帮助我们开辟道路。他们与我们分享自己的逐梦经历,为我们带来鼓励,为我们在乐观之上增添了一种温暖与安全感,更加确信自己脚下的道路。有了这群大太阳的呵护,我自信百倍,踏着坚实的脚步登上成功的阶梯。

我的太阳,你是谁?是的,你是1905班,你是我青春的象征,你是我的第二个家。那离家的难过、那高考的压力、那考试失利的痛楚、那一个个煎熬的日子,因为有你才有了温度。人们常说,高中三年,是一个人最重要的时刻。为何?因为那是一个人最努力的时刻,是一个人最充满青春激情的时刻,是一个人最幸福的时刻。是的,这是我最幸福的时刻,因为我遇见了你,1905班。

你给我最纯洁的友谊。运动会那一声声撕破喉咙的加油,是最纯粹的团结;课间那一架架划过天际的纸飞机,是最无价的欢乐;高考前那一个个紧实的拥抱,是最真诚的祝福。还记得百日誓师的那一天,艳阳高照,我们穿着班服,站在主席台上呐喊:"五班加油,高考必胜!'五三'加油,高考必胜!"我们带着彼此的誓言,带着彼此的鼓励,带着彼此的期待,走向高考,走向梦想。我忘不掉一次次激烈的小组探讨,我忘不掉一首首合唱的校歌,我忘不掉一张张微笑的面孔……

你是我最坚实的后盾。课堂上那一件件湿透的衣裳,是最写实的劳累;试卷上那一字字批注,是最真实的负责;教室外那一个个坚挺的背影,是最美丽的坚守。还记得,无时无刻不在办公室等待学生的俊强,无时无刻不在陪伴晚自习到最后的阿什莉,无时无刻不在解答疑惑的桃姐,无时无刻不在排解同学的负面情绪的猛猛,无时无刻不在讲解练习的广源,无时无刻不在快速批改作业的"工作狂"美秋。"蜡炬成灰泪始干",你们用着比我们更多的努力,教育我们、保护我们、引导我们,让我们能够胜券在握,获得成功。我忘不掉一个个活跃的课堂,我忘不掉一句句真挚的鼓励,我忘不掉那一个个蓝色的工作牌……

当老师们轮流给我们带去高考鼓励,当同学们轮流给大家送去祝福,当我桌面上的东西越来越少,我知道,我的高中生活要结束了……参加高考,填报志愿,进入大学,我与朋友、恩师已分隔千里。一张张陈年旧照,似乎昭示着分别,但1905班却永不分离。1905班,不仅仅是一个班级,更是一段难忘的经历、一个温暖的港湾、一束永不消逝的光芒。背井离乡,我来到外省继续追逐梦想。而1905班却一直陪伴着我,为我抹去思家的阴霾,抹去孤独的阴暗。我将带着1905班这个太阳,继续前进,直到真正的胜利。

我的太阳,感谢你,感谢你照耀着我的生活,感谢你带给我多彩的青春。我将永远铭记这无悔的友谊,这无悔的师生情,这无悔的青春。1905班,永不消逝!

陆荣第

给母校的一封信

敬爱的三中：

您好！

转眼间阔别高中生活已三年，在刚毕业时我只有终于从高考中解放的满心欢喜，但在他乡求学的大学生涯中，却时不时地怀念从前恣意洒脱和坚韧热血的青春。我总会感叹时间过得真快呀，进高中的第一天还历历在目呢，怎么就已经是快七年以前的事情了？作为新校区建立后招收的第一批学生之一，我想以文字的形式，记录在五象校区的回忆和成长。

最让我印象深刻的是两张拍摄时间横跨了整个高中的照片。第一张照片拍摄于高一入学第一天，第二张照片拍摄于高考结束的那天，拍摄地点都在宿舍阳台。说起来真有点忍俊不禁，谁知道现在别具一格、典雅大气的五象校区在刚刚立校时还只是个"半成品"呢？还记得刚开学那一天，学生们踏入新校园时都有点错愕，因为有一个巨大无比的椭圆形水泥坑光秃秃地横亘在学校中间，上面还盖了一层塑料布，来报到的学生和家长拖着行李，绕开坑小心翼翼地往里走。到了宿舍，我刚想感叹一番装修可真好，到阳台往外一看，大水泥坑和将整个学校四面包围的土山坡让人傻了眼，倒也有种淳朴与野趣结合的乡村艺术感。那一刻我的心中有点忐忑也有点期待，忐忑于如此崭新的环境，也期待于这么新鲜的环境。

而第二张照片记录的光景则截然不同：当年的水泥坑早已被操场取代，毛茸茸的绿色草坪紧紧包裹着红色橡胶跑道，两道灰扑扑的水泥墙也在一年年的校运会中被五花八门的艺术涂鸦所覆盖。操场上穿着各色亮丽运动服的学生在恣意奔跑，构成了最鲜活的青春画卷。更显眼的是，学校对面原本荒凉的山坡，都变作了层层叠叠的高楼大厦，隐约间还能看到跨江大桥。作为学生，我也是第一次亲眼见证一所学校从零开始建设、发展、创新，甚至带动了周围片区经济的快速发展。当两张照片摆在一起对比时，我才明白三年时间的力量究竟有多么强大：足够让学生们脱胎换骨般地健康成长，足以使得四通八达的道路和地铁顺利通车，足以使得一座座高楼拔地而起。五象校区连同五象新区逐渐焕发出了夺目的光彩和旺盛的活力，如同蒙尘的珠玉逐渐涤清了表面的灰土，露出了无瑕透亮的本体。

虽然有三中这所百年名校的强大根基作为保障，但是五象校区的发展也并因而一帆风顺，她像一棵小树苗，经过风吹日晒后茁壮生长，最后长成了挺拔的参天树木。叹服于做出建新校区决定的领导们的勇气，自豪于我是五象校区的一分子，更感谢自己的努力没有辜负老师们的辛勤付出与栽培。曾记得在高考前的动员日，班里的每一位同学都在黑板上留下了自己想说的一句话，我写的是"以今日远走高飞，换来年荣归故里"。母校不仅将学识教给我们，更把正确的价值观传递给了我们，才让我坚定了有朝一日能够报答、反哺家乡的理想与决心。

未毕业时，母校是梦想起航的港口，毕业以后，母校是一生的依恋与骄傲。衷心祝愿母校能够越办越好，蒸蒸日上！

潘田雨

亲爱的南三君

亲爱的南三君：

  见字如晤。

  光阴荏苒，从踏入三中校园到和你挥手告别，三年已过。

  初中三年，经青山校区到桃源路中学上学，我从你的身旁静静走过，梦想着和你相识，期待着能走进你的真爱之中探索新知。

  这何尝不能说是一种幸运，虽然中考失误，但我还是来到了你的身边，来到刚刚开启新篇的五象校区，带着些许的迷茫和期待，开启了我的高中之旅。让我翻开脑海里的记忆，把高一与你的专属回忆也慢慢道来。第一次踏入教室,是一个热闹的晚上,我和身边的新朋友打着招呼。然后,我认识了可亲可爱的茵茵老师——一个集美貌、智慧、善良、温柔于一体的神仙似的人儿。茵茵告诉我们"敦品力学"中的"敦"是认真的意思。刚建校时,有猫妈妈生了很多小猫。小猫顽皮可爱,有时会堂而皇之地进到教室里头听课,萌态万分。

南三君,你是否还记得我在你的怀里度过的第一个元旦通宵晚会?那时新冠疫情还未暴发,没有防疫的烦恼,校园内人头攒动,灯火通明,彻夜笙歌。那天晚上,一个长街又一个长街的特色班级集市织起流动的喧闹,师生们都度过了难忘的跨年夜。

疫情突然暴发,那时我还在乡下老家,没能按原计划返校,爸爸妈妈也被迫延迟上班。起初我心底暗自窃喜:可以晚点儿回校啦!可以延期交作业啦!直到我从新闻和各种网络平台里看到进一步的报道,我才真正地意识到疫情的恐怖,心中窃喜荡然无存。很多个夜里我时常思绪乱飞,企盼疫情退却消失,希望人们的生活早日回到原点。亲爱的南三君呀,我们没有返校的日子里你是否也被灰尘掩盖,等待着我们的归来?疫情期间,我们通过网课学习,通过网络听见彼此的声音,利用腾讯会议功能向老师献花,课间大家分享音乐……一切的一切恍如隔日。抓紧时间网上答卷,课后语音讨论，解惑后的豁然开朗和时不时的云分享都是多么的快乐呀，那些日子都留在了回忆之中。

　　高二回校分班后，我的努力和好运让我来到了5班，这个我从高一入学开始就下定决心要到达的地方。5班是一个活泼而不呆板、求知若渴、勤学好问的班集体。高二下学期的学业压力增大，那时的我时常无法排解焦虑急躁的情绪，幸亏有班里的同学陪在身边，他们会耐心给我讲题，会陪我乘着晚风去操场一圈又一圈地散步，又或是陪我在楼道中穿梭放空脑袋。还有永远关切着我的老师，一直鼓励着我，在我难过时会问："有什么我能帮助你的吗？"他们和我一起分析试卷上的一道道错题，告诉我如何规划学习、如何提高成绩，鼓励我更大胆地往前走。南三君啊，那时迷惘的我，困在自我编织的茧房中难以挣脱，何其有幸能得良师益友相伴，在你的怀抱里，得到成长。

　　亲爱的南三君，你是否和我一样忆起了那个大雨滂沱的时刻——那对你对我而言皆是如此特殊的时刻。大雨冲刷着整个大地，豆大的雨点滴落，融入积水里，间或溅起高高的水花。我和同学们撑着伞，脚步紧凑地踏上红色的"出征战车"，去那高考战役中拼出一片属于我们的天地。

　　亲爱的南三君，我在大学里给你写着这封信，带着深深的怀念与感激。校园里的紫薇还在热烈绽放着它的美丽吗？

耕读园里的向日葵是否仍未停止追逐太阳？那圆圆的西瓜是否已被摘尽，又有新的果实冒出？老师们都还好吗？新的学子是否和我们一样乖巧听话但偶尔捣蛋？东北的气温已经快到零度以下了，而天气预报里南宁仍处于三十多度的酷热之中，那就请期待我在初雪那天给你细细述说壮丽的北国冬景吧。

亲爱的南三君，125周年诞辰快乐。祝君光华永驻，更展宏图新篇章！

陈 吉

无言的爱

亲爱的三中操场：

  你好。

  此时此刻，正逢三中125周年校庆之际，我闭上眼，脑海里顷刻浮现出与你同行的点点滴滴，记忆犹新，挥之不去。

  穿过高耸的教学楼，赤红的弯道映入眼帘，将绿绿葱葱的草坪紧紧包围在内。放眼望去，弯道犹如一双鲜红而有力的大手，将生机勃勃护在温暖的臂膀中。

  你是每座学校都少不了的运动操场，虽然你不是最有趣的，亦不是最特别的，但谈起你，我依旧忍不住动了情。已经数不清三中的师生在这里留下多少美好回忆，记不得我们在这里度过多少难忘时光。细细数起，从清晨的第一缕阳光洒下，你就在晨光的沐浴下悄无声息等待着师生们的到来。早读前，无需要求，无人督促，空荡荡的操场上便开始出现零零星星的跑步身影；虫鸣鸟叫，空气清新，伴随学生匀速踩踏塑胶跑道发出的"吧嗒吧嗒"的跑步声，隐隐约约回荡在宁静的清晨。这是尚未被人关注的一曲悠长小调，令人心旷神怡。陪着晨跑的学生，你心中是否怀着一份欣慰之情？

相比之下，激情澎湃的集体跑操就显得更热闹非凡：同学们好似滚滚潮水，从拥挤的楼道中蜂拥而出，你拥我挤，你追我赶，生怕迟到。体育老师站在台上，举着话筒，大声喊话，催促落后的同学赶紧加快脚步。集合音乐声一结束，大家就井然有序地跟着节奏开始热身，时不时传出同学的嬉笑声和讨论声。此时你正带着宠溺的微笑，一言不发地凝视着青春活力的可爱少年们。跑操音乐响起，一声令下，各个班集体便意志坚定地目视前方，声音洪亮地喊着口号，整齐划一地迈着大步。热烈的阳光似一道道手电光，照得大家睁不开眼，把少年们稚气未脱的脸庞烘托得淋漓尽致。而你似乎也被这激动人心的氛围感染了，伴着"噔噔咚咚"的脚步声轻微摇晃，这是一曲热血沸腾的进行曲。一轮跑操末了，同学们喘着粗气，摇摇晃晃站在队伍里，喘气声、鼓励声、抱怨声、安慰声，尽被你收入怀中，一并接纳。

你是最通情达理的，也是最令人安心的。

你是清晨的陪伴，沉默不语但使人舒心；你是日间的鼓舞，微微颤动，对学子们满怀期待；你是夜半的安抚，一言不发但善解人意。

而真正让你走进我的内心，则是那个"昨天一吹无人会，今夜清光似往年"的夜晚。暮色将至，晚风肆意，面临学业的压力，我迫不及待想从书籍的深海中游出，到海面上喘一口气，余光不经意间瞥向暗色调的操场——这里往往是我负面情绪的宣泄地。从高大的教学楼中挣脱出来，踏上结实的殷红操场。远处天空神秘地将黑帘拉起，严严实实。我想，天上定有个神通广大的神仙，将颜料肆意泼在天空这幅画卷上，只要轻轻一点，手一挥，就作出了意想之中的名作：不黑不灰，不深不浅，不叫人害怕，亦不叫人感到无趣，说是传世之作那可是再好不过了。我跃进漫长的跑道，正巧碰上夜跑的晚风，她轻扫我的发丝，卷起我的衣角，小心翼翼亲吻我的脸颊。我痛痛快快地深吸一大口新鲜的空气，空气当中夹带着清新的青草味儿，似乎还有露珠的清香。看来你还是个多才多艺的调香师哟，要不怎会使人的烦闷一下子烟飞云散，让人把迷茫无措抛之脑后呢？我对这朦胧的夜晚的喜爱欲罢不能。

我不由自主地迈起步子,摆动双臂,缓缓跑在这无声的夜晚之中。你只是默默陪着我,什么也没说,但似乎又什么都说了。我的身旁时不时经过一同夜跑和散步的学生,都是陌生的面孔,却又是那么可爱。耳边传来一阵接一阵的风声,牵动我的心,我脑海中混乱打结的思路,被一条条轻柔地捋顺。远处长久不息的蝉鸣,正如"蝉则千转不穷",在你精心设计的安排中,奏成了一首婉转悠扬的小夜曲。欣赏着大自然的音乐,我的脚步愈发加快,很快就绕行了大半个操场。到了半路,身后的一位同学忽然跟了上来,我们相视一笑,不必多说,肩并肩地往前跑去。此时此刻,慢跑不再是一种压力,而是无声的享受。无人催促,无人叮嘱,我们就这样慢悠悠地绕圈跑,陶醉在望不见尽头的旅程中。

现在,来到了夜晚的高潮。"刺啦——"一条微微发亮的细线,以迅雷不及掩耳之势,猛地划破夜空的黑帘,"咻——"的

一声蹿上夜空,在无处依靠的虚空中肆意绽开花瓣,"噼里啪啦"爆发出最惊艳的色彩。"是烟花!""放烟花啦!"天空上迸发的绚丽景象极快地吸引了大众的眼球,我们"急刹车",期待地转过身,目不转睛地注视着神秘的夜空。沉寂的天空悄悄抛出下一个惊喜:两道交叉旋转的火花飞舞上天,争先恐后,谁也不让着谁;而到了舞台的正中央,它们又手牵着手,齐心协力,奋力张开翅膀,"砰啪!"炸出两团缤纷的烟花。遗留的火花飞速向地面砸去,而在离地面近在咫尺的地方,又仿佛突然被什么一刀斩断,连弥漫的烟雾也消散在空中。接着,一道接一道的火花攀登上天,在漆黑无比的夜空留下了一片又一片的艺术气息。我们被这精彩绝伦的表演惊呆了,眼底倒映着五彩缤纷的光影。这平平无奇的烟花此刻有无限的魔力,犹如一块吸铁石,牢牢地把大家的目光吸住了。我不敢眨眼,生怕遗漏某处细节。操场上不知何时多出了一群人,楼里的学生们趴在栏杆上,伸长脖子贪婪地仰头凝视,想把整场烟花表演尽收眼底。老师们也笑盈盈地站在一旁,高举着手机拍照。整片操场、整座校园、整个夜晚、整片天空,被烟花淋漓尽致的表演给抹上一层绚烂的色彩。美丽的烟花在我们的脸上画出了大大的笑容,给我们的心底铺上一层温暖。

　　一定不只我一个人这样享受你的怀抱,一定不只我一个人对你满怀感激,一定不只我一个人无法忘记你无声而漫长的陪伴。

  望向你之时,你承载着我们的惆怅、我们的烦闷、我们的迷茫,陪伴我们运动和放松,包揽我们的汗水与泪水;离开你之时,你把鼓舞、坚强、爱与负重前行的希望无私地给予我们。我们愈行愈远,你留在原处,依旧默默望向我们,眼里含着欢喜与欣慰。我们虽终会离去,但你沉默的爱却永远地存在于此,往后也不会消散。

莫佳霖

给母校的情书

南宁三中：

  你好啊！

  时光荏苒，光阴飞逝，此刻执笔的我已化作飞鸟，飞离你这座桃李芬芳的花园，飞向更广阔的天地。诚然，大学生活迷人眼，新朋友、新环境、新事物令人应接不暇，但时至今日，母校仍是我心中最柔软的牵挂，在五象校区的点点滴滴皆历历在目，记忆犹新。

  犹记初入校园的那日，手执录取通知书的我，仰望着恢宏的校门，满心的欢喜与期待。那一刻，高中生活的画卷在金秋九月徐徐展开。图书馆前"为中华民族伟大复兴而读书"的题字直击人心,这让我更加坚定与庆幸自己选择将人生最宝贵的三年交付给你。军训结束那日的迎新晚会规模,是我在踏入高中校园之前从未设想过的,那日的感动如今回想起来仍能于我心中汹涌澎湃,久久不能平复。在你的怀抱里,每一位学子都能发展自己的兴趣,找到志同道合的朋友,人人皆能拥有属于自己的舞台,为自己独一无二的青春上色。你将一束束智慧的光投射到每一位学子身上,引领着大家向前逐梦。

正所谓"书山有路勤为径,学海无涯苦作舟"。三年的求学之路本是坎坷艰辛的,却因你的陪伴而鲜活精彩。老师们的循循善诱使我收获颇丰;每一个如骄阳一般的南宁三中学子使我的高中时光五彩斑斓,充满处处欢声笑语。在你的陪伴下,我找到了良师与益友,在攀登知识高峰的过程中沿途似锦繁花。2022年的9月,我们如满天星一般散落祖国的天南海北,带着你的期许奔赴远方。我们始终不敢忘记你的恩情，身在异乡的三中学子在不期而遇时，总是眼里噙着感动的泪，嘴上是道不完的关于你的记忆。

你不仅教会我知识，还见证了我从稚嫩到成熟的蜕变。你亲身教诲，牵着我的手，教会我要承担社会与国家的责任，要肩负起民族复兴的使命。你开阔了我的眼界，拓展了我的思维，一步步领着我走入象牙塔，鼓励我踏入崭新的知识殿堂。

感谢你告诉我的一个道理——天道酬勤。三年来大大小小的考试在磨砺我意志的同时，也让我看到了勤能补拙，只要有付出就会有回报。奋斗的岁月里，有幸遇到你，有幸遇到每一位辛勤付出的老师和奋力拼搏的同窗。

高中三年的快乐故事很多，若要我说清怕是要讲个三天三夜。记得临近高考的那段时日，我们最可爱的历史老师美秋为我们每人准备了写上我们名字与祝福的可乐。好听的拉易拉环的声音此起彼伏，我们将来自美秋的祝福一饮而尽，欢声笑语回荡在耳畔，甜甜的汽水清凉了盛夏。像这样令人想想便会不禁嘴角上扬的画面还有很多很多，真叫人怀念啊！一批批学子怀着对未来的美好憧憬扑向你的怀抱，又依依不舍地从你的怀抱离去探索远方。你的故事还在续写，还会有越来越多的人在这所学校留下难忘的回忆，赓续你的历史。

班主任强哥在我们高考结束那天所写下的"一切如你们

所愿"的字迹,不知是否还留在那块用于高考倒计时的白板上?我的高中已谢幕,但对你我仍有说不尽的感激。恰逢你125岁生日,在这令每一位你的孩子欢欣雀跃的日子里,我由衷感谢你的栽培,衷心祝愿你生日快乐。时光只能增加你的历史底蕴与人文厚度,愿你永远年轻,以蓬勃的姿态,补益山河,增辉日月!

陈小慧

给校园连廊的一封信

亲爱的连廊君：

　　展信安！

　　五象校区已经迎来了她的第七届学生，您的身体可还硬朗？您怀里的三角梅又开放了吗？您的肩膀上是否又被学弟学妹们摆上了绿植？作为一名大学一年级学生，我虽然仅有几个月不能走进您的怀抱，但思念之情却如此深切。我在我的大学里没有看到您的同伴，这里每一栋楼都是独立的，大概有关连廊的生活只能是高中的独家记忆了。

　　您是我每一天高中生活的见证者。清晨，我从睡梦中醒来，穿衣洗漱，拿起书包走向食堂和教室,崭新的一天开始了。和很多同学一样,我也是早晨站在您肩上的逐梦者,希望能把握住那一点光阴,与知识撞个满怀。天刚蒙蒙亮,于我而言,这是一天中最好的进行记忆的时刻。我拿起书本走向您,今天背单词,明天背诗词,后天背文综,您总是默默地倾听着。我的背书声在安静的早晨尤为清晰。尽管有些句子反反复复背诵却还是会忘,但看到早晨在您肩上驻足的鸟儿,由您身上拂过的凉风向我吹来,这让我多了一丝愉悦,烦躁情绪得到安抚。

下课铃声划破教学楼里的宁静,我和同学们走出教室,来到您的身旁,享受短暂的娱乐时光。我们常仰头数天空的云朵,眺望远处的高楼,欣赏树上长出的嫩芽、盛开的鲜花,时不时凑热闹观看楼下同学的羽毛球"大战"。我通过您撷取校园里各样的美景,在这一片观景小天地中,缓解学习上的焦虑。尤其是到了高三,学习的担子把我压得喘不过气来,每当在学习上遭受挫折,我总喜欢来到您这里独自沉默着。悲伤带来眼泪,凉风又抚平悲伤,我把泪抹去,坚持的力量又一次迸发。人们常说"不苦不累,高三无味",正因为有您中和了我的苦与累,我才能在一次次复习与考试的打磨中逐渐成长。

傍晚,同学们总喜欢与您一起看夕阳。橙色、粉色、紫色,夕阳像个大染缸,每天都把五象校区的天空变幻出新模样。仍记得高考前的那一晚，同学们不约而同地走出教室，站在走廊上看夕阳。那天的夕阳仿佛因为高考即将到来而变得格外美丽。学子们的热情一点点被点燃，欢呼声、呐喊声、鼓励声，大家一起在夕阳下许下金榜题名的心愿，甚至有人拿起班旗飞奔到院子里开始跑起来。有人拉着老师，有人带着牌匾，大家倚靠在走廊的墙上大声呼喊："1905高考必胜！"那一刻，积攒已久的压力被释放，眼角的泪不知道是因为感动还是兴奋不断涌出。三中总给我留下如此珍贵的回忆，我感觉到我的高中生活不仅仅是在日复一日的学习和复习中度过的，还充满了温暖和快乐的精神滋养。

拍毕业照那天，美秋老师给我们拍了很多组照片，当然少不了和您的合影。"咔嚓！"相处不能永久，一张相片却能永恒。每当我想起三中、想起您时，总会翻一翻那张相片，回忆起我高中的点点滴滴，记忆中老师像朋友，朋友又似老师，我和大家一同攻坚克难、面对高考。您在我眼中已经不仅仅是一座简单的建筑，更像是关爱、包容的三中的缩影。

有幸能有三中陪伴我一同成长，陪伴我打开成年世界的大门。成年的滋味其实并不美好，初入大学的挑战太多太多，环境转变的适应太难太难。但每当我在校园里遇到和我从同一片沃土走来的三中学子，一种家的感觉油然而生。我们谈论着熟悉的食堂、熟悉的老师、熟悉的同学，互相帮忙解决各自学习、生活上的难题。话说了好多却怎么也说不完,聊天倒也成了我们这些在他乡求学的三中学子的精神寄托。三中将我们联系在一起,彼此关爱、包容、鼓励,让三中的"真·爱"教育理念传递到祖国各地。

"维我校友,星聚南邕",恰逢母校125周年华诞,我对母校的感激与思念之情难以言表,希望您能代我向母校问声好,对她说一句:"祝您125岁生日快乐!愿您桃李满园,再续新篇!"当年的我以三中为荣,愿我们再相见时,三中能以我为傲!

愿您身强体壮,陪伴一代代三中学子成长!

陈新蓉

百年风华正青春

亲爱的三中：

马上是你的 125 岁生日了，虽然我只陪伴了你短短 3 年时间，但也许是这 3 年记忆过于深刻，让人难以忘怀，我的心中依旧充满了对你的思念与感激。3 年，在你 125 年的时间中微不足道，在我人生长河中也不算一段很长的光阴。但是，这 3 年是我们每一个三中学子人生中极其重要的时光，而我何其有幸，在这段重要的时光中能够有你在身边陪伴。

毕业已有百天，在三中的时光还恍如昨日，和老师交谈、和同学说笑的日子历历在目。很难想象，在半年之前，我们还在为同个目标而共同奋斗。然而现在,我身上不再穿着熟悉的校服,原本陪伴左右的同学被一群新朋友替代,站在陌生的校园里回忆起在三中的时光,我依旧觉得美好。

犹记得在5班的教室里,我曾为梦想拼搏并收获了宝贵的友情。

犹记得班主任李俊强老师和所有的课任老师对我们的关心和照顾。面对我们反反复复的提问,他们耐心解答,并鼓励我们为着目标继续努力。

犹记得下了晚自习的夜晚,黑了灯的教学楼,和舍友们吵吵闹闹地走在校道上。

…………

感谢三中的所有人,让我在高考中取得了理想的成绩。3年前选择三中,是我人生中最不会后悔的一个决定。

来到北京,来到对外经济贸易大学,我结识了来自全国各地的优秀学子,在和他们的交往中,我很感谢三中教会我细致耐心、不骄不躁的品格，让我看到三中不仅仅是广西的一所名校，而且是在全国内教学理念先进卓越的好学校。从三中出来的学子都是出类拔萃的。

在三中学习生活期间，我们参与了丰富多彩的校园活动，开阔了眼界，积攒了许多经验：元旦通宵晚会、校运会入场式以及班级团建，为我参与大学歌唱比赛与筹办戏剧节提供了经验；高二的辩论赛为我参加大学学院辩论赛面试增加了自信。我很感谢三中培养了我的领导力、组织力以及遇事能够积极寻找解决办法的能力，即使在人才济济的大学校园之中，我也依旧能显示出三中学子的风范。

步入大学，遇到了来自三中的学长学姐，他们很照顾我，为我的学习生活倾力相助。在陌生的城市、在陌生的校园，带着初入大学的青涩迷茫，三中人互帮互助、共同成长。

感谢三中的"真·爱"教育理念，培育出我们真诚待人的美好品质。正是秉持做人做事的一份热忱和真诚，让我们快速融入新的环境、交到新的朋友。时间在不断前进，我们总会遇到新的人、新的班集体，但我依然很喜欢5班，喜欢5班的每一个人，高中时期纯真美好的友情让我交到了一群志同道合的交心朋友。我们一起奋斗过高考，互相见证各自蜕变成长、实现梦想的过程。

感谢三中对我的培养与教育，感谢三中开设的课程与活动为我在大学的发展提供坚实基础,感谢三中的老师对我的悉心培养,使我圆梦,并让我明白只要拼搏努力、提升自己,万事皆有可能。

百年风华正青春,125年是时间与阅历的沉淀,青春辉煌由我们一代又一代的三中学子书写。时序更替,华章日新,变的是三中校园中的学子,不变的是历久弥新的教学理念、人文关怀与三中学子走出去的风貌。感谢三中,让我圆梦。凡是过往,皆为序章。我站在大学的新起点,新三中学子站在高中的新起点,三中站在125周年的新起点,我们都应该继续拼搏努力,赓续辉煌。

邓紫予

风起时我又想起你们

亲爱的三中和朋友们：

　　起风了。秋天的北京风很大、很冷，那个温暖灿烂的五象校区只能暂存于心的深处，那段似水的年华早已流逝于指间。我亲爱的母校、我亲爱的朋友们，起风时，我又想起你们。

　　"后来的我们依然走着，只是不再并肩了，朝各自的人生追寻了……"别了，我的朋友，我与你们分离，在那棵凤凰树下，花开得烂漫。我走了，我们都该走了。去哪儿？去那梦中的地方，去那苦苦追寻了十余年的地方，去那遇见更好自我的地方。我来了，我来到了北京，那梦中的地方，却又时时想起五象校区和许久未见的好友。

清晨，踏着晨曦，向着朝阳，吹着微风，耳机里放着最喜欢的音乐，颇有一种向阳而生的感觉。

大课间，走下楼梯，走进长廊，历任校长的照片映入我的眼帘，这是一个总令我驻足的地方，在这里感受三中一路走来的历史，此刻我的内心不再寂静。这些照片或像是一点星火，或像是一阵吹起涟漪的微风，或像是一缕破晓的晨曦，激起我前进的激情。它们让我鼓起勇气，像堂吉诃德一样追逐着我那看似不实际、不可能成真的、不为人知的梦想，像是一个不成熟的理想主义者，敢于为理想付出一切。

穿过长廊来到耕读园，这里是我一整个高三下学期的净土。当我踏进耕读园的那一刻，仿佛心灵得到了净化。风，卷起青草和泥土的芳香，撩动月季的花枝，吹散肩上的重负，在繁重的学业中偷得一丝闲，有似于"采菊东篱下，悠然见南山"

的悠然。犹记得雨后的夜晚，为寻深处绽放的花，我踏进了湿润的泥土，最后花没看着，还弄了两脚泥，惹得自己和同学捧腹大笑。虽一身的狼狈，但我感受到了内心久违的欢乐。希望耕读园能够治愈更多三中学子，让他们没有那么多规则、没有那么多的束缚，只是耕种，只是感受劳动带来的快乐就足够了。

踏着上课铃声，同学们奔回教室，路遇任课老师，便放慢脚步，同老师问好后又加快脚步疾驰回到教室。上课时，大家认真听讲，积极同老师交流互动。每当老师讲到重点时，同学们记笔记时的唰唰声整齐悦耳。课堂上时常会开展小组讨论，同学们总能大胆说出自己想法，并一起解决问题。我永远怀念三中课堂的氛围，那是一种讨论交流的氛围、是一种包容开放的氛围。希望三中的课堂可以永远如春雨般滋润每一个学子的心灵。

我永远怀念五象校区的一草一木。两只可爱的小猫是否每天都快乐地在校园中生活？我们的许愿牌是否依旧随风飘动，耕读园中的花是否依旧盛开、指天椒是否已经红透？学子们是否每日充实且快乐？曾经我认为学校像一座围城，而如今我深切地怀念着那里的一切。

我深爱着我的班级。多希望我能有月光宝盒，带我穿越回三年前，与同学们再次相遇。像来到一个怪异但美好的小世界：同学间总说着稀奇古怪，只有彼此能理解的对话，这让我们感受到家一般的不可言说的归属感；大家相互鼓励，让团结成为前行的动力，一步步陪彼此走向远方。虽然我们都已各奔东西，但我每日都会思念你们。我将寄思念与明月，随君直到祖国各地。

秋天染红了枫叶，风带走了我的思念与祝福，送去给亲爱的母校和我亲爱的朋友们。

起风了，我又开始思念你们。

郭嘉怡

我的三中记忆

亲爱的三中：

展信佳！不知不觉，我与你分别已四月有余，脑中不禁浮现一帧帧动人的回忆画面。校园里与大家一同嬉戏、一同学习的场景历历在目，那是我的青春记忆，亦是我人生中一段精彩的叙事。与你的回忆很多，不知从何说起，索性沏一壶清茶，邀你与我漫步岁月，慢慢回忆往昔的美好吧。

初进三中，这里的一切都使我感到新奇。我们一起跨年，一同在运动会等各项活动上展现自我。即使后来由于新冠疫情影响，各项活动不得不减少，但能每天与亲切的师友们相伴已令我心满意足。令我难忘的是下课铃一响，大家就一起抓起书包冲向食堂的欢乐时光；难忘的是天井中大家不约而同地喊楼的夜晚；难忘的是晚风中倚靠栏杆上的那一句安慰……最难忘的是足球赛上，我们从零开始，相互鼓励走到最后的那份感动。"我们赢了！"这样的话我多想再听千万遍，我多想回到那一天，大家分享相同的喜悦，为属于彼此的胜利而欢呼。在这里我充分施展着自己的才能，在担任班级宣传委员的三年里，我明白了设计于我的意义，明确了我的心中所想，也让那之后的我在这条道路上能够闪闪发光。我也感谢南宁三中可爱的老师们，是他们的默默付出，是他们不厌其烦地教导，让我们成为今天自己所期望的样子。时光偷偷溜走，从沁梅园到润竹园，我们不断成长，也离高考越来越近。

　　老师和同学的日夜陪伴，让每一个知识点都不再枯燥，让每一个晚自习都不再孤单。我们在耕读园一同播种幸福，将每一粒饱含希望的种子投入沃土中，精心呵护它们的成长，就如老师们对我们的教育般用心用情。趁着复习的间隙抬头，望着走廊上一直默默守候、为同学们热情解答的老师们，我的心中总涌上一阵暖意；看着每日奋笔疾书、步履不停的同学们，我更坚定了和大家一起努力的信念。如今的我多么感谢这份坚持。真正到了高考那一天，我们像是出征的勇士般决绝,但在看到老师们换上精心准备的服装、举着有趣的助威牌的那一刻时,大家忍不住笑起来。我坐在考场上,满脑子都是老师们讲了一遍又一遍的知识点。奋笔答题结束,放下笔那一瞬间,我意识到要跟高中阶段说再见了。好像做了一个很长很长的梦,陪伴我做梦的是五象校区的一草一木,是1905班的你们。

如今来到美丽的惠园,我的心中仍不忘母校之恩。是这里的老师为我插上知识的翅膀,让我飞越三千多公里来到偌大的北京,让我有了在这里站稳脚跟的勇气。如今我能骄傲地说出"我是南宁三中的学生"。许多三中的学子靠着自己优异的成绩考入了北京大学,大家又有了相聚的机会。从高中到大学,变的是校园,变的是身边人,不变的却是我们心中的三中情怀,是我们难忘的青春。

就让我们振翅高飞吧!为每一个在三中难忘的日子,为每一份最初的梦想和感动,为每一次老师们的辛勤耕耘,三中学子终将在不同的领域绽放出属于各自的光彩。

愿三中越办越好,继续培养优秀的人才,以"真·爱"教育理念育人,谱写新的教育传奇!

杭 炫

见字如面

亲爱的母校：

见字如面。

我是你曾经的学子。当我提笔写这封信的时候，我已经来到大学快一个月了，很难想象时间过得如此之快，我走上了成人之路，开启了新的人生篇章。下笔之时，一股温情席卷而来，笼罩在我的心间。我怀念母校里的一草一木，怀念母校里的琅琅书声，怀念母校里温馨的师生情，怀念母校的同学间互帮互助的氛围。现在我拥有了一个机会，让我表达对你的怀恋之情，用笔写下我们之间的故事。

来到大学，陌生的氛围、陌生的环境、

陌生的人群,让我在夜深人静的时候,想到曾经的母校。三年来,母校帮助并见证了我的成长,让我得以在高考中取得优异的成绩,考上了自己理想的大学,成长为一个更加优秀的人。我每天可以在学校的长廊里漫步,和自己的好友一起讨论对未来的期待和梦想;每天可以在教室里和同学激烈地探讨学术问题;每天可以在晚上和同学们一起奋斗,记单词、背公式、念古诗;每天还会和我最亲爱的老师们一起聊天,分享各自对问题的看法。每当想起这些,我都会感到温馨与舒适,久久不能忘怀;每当想起这些,也会有一阵落空感,因为这些都只是回忆,我将永远不会再真切地感受这段时光里一点一滴。

在大学,我遇到了很多问题和困难,有生活上的琐碎烦心事,有与朋友分离的伤感,更有对母校的无比怀恋。当我遇到这些事,我容易变得敏感,容易变得脆弱,容易变得畏缩。可这些问题最终都会被通通解决,为什么呢?因为这三年来母校给予了我力量。每当遇到困难,我会大胆地去和我的老师沟通,告诉他们自己的想法。每当我意识到自己留恋过去,要陷入止步不前的状态时,我会积极和新同学沟通,去认识更多的朋友,让自己不再孤单;我会更加热情地去参加学校组织的活动,感受大学的美好。每当自己去勇敢地挑战自己、超越那个过去的自己时,我会感到成就感满满。我永远不会忘记母校教会我的这一切,新的开始不意味着过去的结束，过去的美好我会始终记挂于心。我感恩过去、感恩母校、感恩经历的一切。

我很感谢高中这关键的三年是在南宁三中五象校区度过的。在这里有我最珍贵的回忆，我结识了重要的朋友，遇到了有趣的舍友，经历过悲伤与难过，见证过一些历史时刻。我相信这是上天的考验，是上天给予我的机会，更是上天赐予我的福分与运气。我的欢笑、我的泪水、我的不甘、我的成功、我的失败，都与母校有关。人这一生寻寻觅觅，上下求索，会经历很多大风大浪，但我坚持不忘初心、不忘过去。我亲爱的母校，我们之间的相遇是一次完美的邂逅，你给予了我面对未来的勇气与热情；你给予了我面对困境不屈服、不服输的干劲；你给予了我难忘的高中三年，让我意识到自己的不凡、自己的力量；你给予了我丰富的知识和经验，让我敢于闯出一番天地。我与你的记忆，我将牢牢记在脑海里，永不忘记，永不消逝。

母校的老师们，我想发自肺腑地对你们说：感谢你们辛勤的付出，感谢你们掏心掏肺的真挚话语，感谢你们的不抛弃、不放弃，感谢你们这三年来为我们流过的汗水与泪水。我很荣幸成为你们的学生，在你们身上，我看到了人民教师的魅力。你们传授知识的模样，你们为我们讲解题目的样子，你们对我们发自内心地劝说与教导……我身为三中的学子看在眼里，并由衷对你们感激与敬佩。你们为我们引路，指引我们走向光明、走向属于自己的未来。我会记住每一位教导过我的老师，你们在我心里永远是最可爱的人。

  我的校友们，我很高兴与你们在这所学校里相遇。我们可能素不相识，可能相伴时间甚短，可能幸运地与彼此相伴了三年。我们都是彼此的校友。我们一起奋战过高考，一起参加过同一届校运会，一起竞争过、快乐过、流泪过，我们这三年是幸福的，因为我们拥有彼此。我们之间的友情不会因为距离远而变淡，我们之间的校友情谊不会因为时间流逝而变质。希望我们在未来会拥有各自幸福的人生，愿我们的人生都一路顺风，前程似锦。

  在未知的道路上，我们终将会再次重逢。或许这并不是结局，而是更好的开始，我希望我们每一个人都可以过得更好，都有自己的幸福人生。我衷心祝愿我的母校、我亲爱的五象校区能更加繁荣昌盛，成为一所更加优秀的学校，拥有更多优秀的学子。我敬佩的五象校区的老师们，希望你们的教学之路能长长久久，有更多优秀的学子为你们争光，有更多的学子尊敬你们、爱你们。陪伴我三年的校友们啊，愿你们的未来繁花似锦，有更多的机会去看看外面的世界，去享受你们精彩纷呈的人生。

黄靖雅

太阳,雨,花和你

亲爱的母校:

好久不见!

还记得第一次和你相见,是在三年前。八月底的太阳威力不减,炽热的阳光透过淡薄的云层照耀着世界,层层叠叠的绿叶过滤阳光,斑驳的光影投射到校道上,摇曳婆娑。

曹禺在《日出》中写"太阳升起来了,黑暗留在后面",这句话与我当时的心境那么相符。纵使过去满是遗憾和不甘,有那么多无奈和失望,但憧憬和希望在我见到你的那一刻生发了。如窠中的雏鸟、枝头新发的绿叶,一切都在扩张,在生长,在我心中每一个角落欢欣雀跃。

于是我接过父母手中的行李，毫不犹豫地转身投入你的怀抱。

有风自南，翼彼新苗。你教会我如何处理人际关系，让我与老师、同学和睦相处；你教会我如何处理课业压力，让我在考试中拔得头筹；你教会我自信，让我从内向胆怯到自信地站在讲台上侃侃而谈；你教会我感恩，让我不辜负父母的期望……在你的培育下，我不断成长，如初升之红日光芒万丈。

世间好物不坚牢，彩云易散琉璃脆。生活不总是一帆风顺的，就算是太阳当空的大晴天，也可能在下一秒天就裂开口子，下起瓢泼大雨。我要感谢你，在每一次我被大雨浇透的时候，都愿意收留狼狈的我。

我是科艺楼最忠实的来访者，我爱循着弯弯绕绕的小径来到楼下，踏着琴房流出的乐章，登上楼梯所能到达的最高层极目远眺。近处是栅栏、是河流，而远处是高楼、是无尽的天空。高三时，我的观赏对象还多了楼下的菜园。我总是对着这些事物出神，于是那些模拟考后的不安和焦虑就暂时地被挤出了脑袋，仿佛我的烦恼和凌乱的思绪都已经乘着风朝着那片无尽的天空远去，又或者被同学一锹一锹地连同种子一起深埋到了地下。

从耕读园破土动工,到同学们亲手埋下种子,再到丰饶的瓜果挂满枝头,来来往往的人们采摘丰收……我见证了耕读园的从无到有,见证了瓜果生命的奇迹。现在我忽然意识到,科艺楼的一砖一瓦、一草一木也同样感知着我的失落、我的挣扎,同样陪伴着我从低谷中爬起,从泥泞中站起。苦痛与成长相伴,大雨打湿了我的眼眶,但你温柔地将我的泪水抹去,告诉我大雨的目的是润泽我生长的土地。

有这样一句话:"把期待留到春天,那里鲜花盛开。"而我说:"把期待留到夏天,那里鲜花盛开。"我与你共度过三个冬夏,看过你春天的青涩、夏天的热烈、秋天的静谧、冬天的温和,而最让我难以忘记的是你夏天的那幅光景:自然的魔术师把世界的饱和度提高,绿的变得更绿、红的变得更红,耀目的阳光为万物镀上金光。

也正是在我们相遇相识的第三个夏天,感谢无数阳光的照耀和雨露的恩泽,让鲜花尽情地绽放,等待硕果的到来。

仍记得登上送考车那个早晨,和入学第一天一样,天很蓝,云很少,阳光热辣,不同的是,我不再是那个懵懂无知的少年,经过你三年的帮助,我拥有了更多学识和勇气。于是我收下你的叮咛与嘱托,毫不犹豫地踏入考场。

我是幸运的,带着你送的祝福,一路引吭高歌,最终到达了理想的彼岸。

我和你的故事，即使在我毕业后也还在继续。

我原以为校友的身份只是一种私属的认证，却从未想过这样的身份能让我在一个陌生的城市拥有久违的归属感。一千二百公里外的校友们用自己的方式，让我感受到家的温暖。学长学姐对我关怀备至，从开学前精心准备的入学答疑到开学后的各种建议，从操场草坪上的围坐和游戏到餐厅里的接风洗尘，他们让我感到你从未离开。

如果有人向我问起你，我会说：你是太阳，驱散我中考失利的阴霾，让我重振旗鼓，为自己想要的未来奋斗；你是雨，让我在挫折和悲伤中学会坚强，又在我落寞的时候伸出双手，为我抹去泪水；你是鲜花，是努力给予我成功的馈赠；你是老师、是同学、是一草一木、是校园中的一切存在。

最重要的是，你是南宁三中——我的母校，一个陪伴我成长的地方。

你的精神，将长存于我的内心。

李昭颖

真爱之路

亲爱的三中：

  展信佳。

  在这漫长的岁月里，我始终难以忘怀与你共度的那些美好时光。你是我人生旅程中一条重要的道路。你不仅为我铺设了通往知识的阶梯，更在我心中刻下了成长的印记。今天，我想以"路"为主题，向你倾诉我心中的情感。

自律清醒之路

  "哔——哔——""高三的同学请加快脚步。"我是一名走读生，来学校时我常常从进校门那一刻开始，就被年级老师的哨声和口令声催促着步伐。于是，在那条男生宿舍楼到高三楼的校道上，我最常看到的景象便是那一个个的高三学子背着包、拎着早餐和晚餐，陆陆续续快步走进高三楼。哨声或许刺耳，却能催促我懒惰的灵魂快速进入学习状态；口令声或许急促，却能让我感受到三中老师对每一位高三学子的看重；校道上人潮或许拥挤，却能在一路奔波中告诉所有高三学子，我们的时间贵如金，我们都要在踏入高三楼那一刻开启清醒的头脑，自觉投入学习，那一场高考我们都要共同奔赴。男生宿舍楼到高三楼的校道，便是我的自律清醒之路。

解惑定心之路

考试失利的时候，遇到难题的时候，我会觉得自己像一只迷雾中的麋鹿，无路可寻。这时或许只会有一条路闪着若隐若现的光，浮现在我的脑海，即那通往年级各科老师办公室的路。这条路有光，因为数学老师强哥会一针见血地将让我抓耳挠腮思考良久的题目瞬间拿下，因为英语老师小荣会不断给予我鼓励和赞美让我振作起来，因为历史老师美秋会用秋风般温柔的话语对我循循善诱，因为政治老师桃姐会放弃午休时间为我答疑，因为语文老师猛哥会用爽朗的笑声和东北腔让我的内心变得像他一样豁达，因为地理老师广源哥会因耐心为我讲解试题而错过饭点。这条路有光，也因为不论我去到办公室时有没有找到自己班的老师,只要是本年级的课任老师,他们就都会乐此不疲地为我解答问题,直到我明白为止。这条路有光,更因为我从未在这条路上空手而归过,我永远可以解开疑惑,气定神闲,满载而归。通往年级各科老师办公室的路,便是我的解惑定心之路。

强身聚神之路

"我还是从前那个少年,没有一丝丝改变……"每当这首《少年》的音乐响起,就到了我曾经最讨厌的时刻——跑操。我厌烦反复听到这首歌,我更厌烦日复一日、风雨无阻地从教学楼穿过篮球场去田径场跑操。直到有一天跑操后,跑得比较懒散的班级被批评了,体育老师随后说的一段话让我改变了对学校跑操的看法。"同学们,我们不会无缘无故让你们跑操。要想承受住高考备考、高考考场上的压力,你们必须要有健康的身体,要有充沛的精力,更要有能吃苦、能抗压的精神,而这些都是学校坚持每天组织跑操能带给你们的。从现在一直跑到高考,你们也一定能由此跑向成功!"从那以后,《少年》这首歌好像没那么磨耳朵了,"面前再多艰险不退却"变成了在我耳边的次次激励;从教学楼到田径场跑操的路途好像也没那么举步维艰了,和田径场的每一次赴约变成了我的加油续航时间。从教学楼到田径场跑操的路,便是我的强身聚神之路。

守望逐梦之路

如果阴天里还有一抹亮光,如果暴雨中还有一片宁静,如果烈日下还有一阵清风,那一定是在南宁三中师生为高考考生送考的路上。那抹亮光是全体老师整齐划一的大红送考服和高高举起的助威牌,那片宁静是冒雨坚守于高考考场外的老师们的坚定身影,那阵清风是高考每一场考试前各科目老师送来的千叮万嘱、加油鼓劲……每一个学子在三中的每一天,都能收获来自校长、老师、食堂阿叔、宿管阿姨、门卫伯伯等众人的真心付出。他们就是我高考梦田里的守望者,他们好像时时刻刻都在对我说:"孩子,放心去吧,去造梦,去追梦,去圆梦!我们永远为你们的梦想保驾护航!"在高考送考时,在送考大巴开往圆梦终点的那条路上,所有这一切化作了一股前所未有的力量,推着我以前所未有地勇敢奔向我的梦。三中高考送考的路，便是他们守望下的我逐梦之路。

　　写给三中的情书再长也无法表达我对三中的爱，三中为我修筑的道路也远远不止这些，但每一条路都有共同的基石——真与实、严与爱，每一条路都有共同的路标——立德树人、自强不息。我虽然已从三中光荣毕业，但是我和三中的情缘一直都在，我的三中真爱之路也一直都在。我会永远心怀母校，永远在路上……

肖明珂

母校是青春最美的句读

亲爱的三中:

  展信如晤。

  转眼我已经毕业了三年,懵懂地踏入三中大门也已经是六年前的事情了。因为新冠疫情的原因,我在毕业后没有能再回到校园去看望老师们,想看看学校的风景也只能驻足在校园栏杆之外。记忆中,高中生活的三年时光总是那么鲜活又清晰。

  我们是五象校区的第一届学生,初到这个新校区,大家都抱着很大的热情和好奇。在报到之前我兴冲冲地几乎逛遍了每一栋教学楼,那时候的科艺楼、图书馆和艺术中心都还是一栋栋空荡荡的楼房,但白墙灰地就像是可以添加无限彩色想象的白纸,我喜欢这个崭新整洁的校园,也相信未来在这里学习生活的时光会非常开心。

随着高中生活的开始,一个个幼稚的孩子在慢慢地蜕变成更加成熟的少年。新校区建成初期,周边的环境不太好,因附近施工作业经常会把学校的供水管挖断,偶尔还会出现临时停电的状况。但我们也在这些看似艰苦的突发状况中收获了许多难忘的记忆。记得有一次晚自习下课后我发现宿舍没有水了,于是和舍友们兴冲冲地提着桶结伴跑去教学楼打水。那时候我们的宿舍在五楼,宿舍楼与教学楼的距离很远,但是大家只要一起有说有笑,就不会觉得搬水的路途很漫长。那天我们还在教学楼门口遇到了一群老师,我清楚地记得有老师夸奖我们乐观能干。在我们高中三年的学习生活中,老师们的陪伴也是不能被淡忘的回忆:晚自习门外的答疑、深夜查房的安全护航、一起跑操喊过的口号,还有各项大型活动中老师们的身影……

从红歌会到五象校区第一届校运会,再到我们的第一次元旦通宵晚会,在老师的带领下我们的班级一点点地凝聚在了一起。最后一次班级集体比赛是在高三时学校举办的气排球比赛,尽管当时学习压力很大,但大家还是拧成一股绳,抽出一点点的课余时间争分夺秒训练,不参加比赛的同学则到场给参赛的同学加油助威……现在回看每一次活动留下的合照,我都能想起当时的许多欢乐。在高中这样一个学业压力大的阶段,是学校给了我们许多课外活动的时间,让我们在学习课业知识的同时收获许多珍贵的青春回忆。

难以忘记颁发毕业证晚会时五象校区绽放的烟火,难以忘记在泼水节当天拍毕业照时大家灿烂的笑脸,更难以忘记在三中生活的点点滴滴和有幸相遇的老师们和伙伴们……

祝福母校越来越好!

王同学

浪漫语文,浪漫人生

"X+Y"老师:

三年求学,难忘师恩,浪漫语文,浪漫人生。

谢谢你曾让我看到邯郸城头挺剑而立的廉颇,汨罗江畔把酒问天的屈原,大漠草原矢志以南的苏武,赤壁崖下泛舟江月的苏轼,失意长安千金沽酒的李白。

谢谢你曾带我领略赳赳老秦的金戈铁马,皇皇汉唐的万邦来朝,诸子争鸣的百花齐放,民族脊梁的铁骨铮铮。

谢谢你让我知道什么叫浪漫快意的活法,什么叫海阔天空的天真,什么样的襟怀叫光风霁月,什么样的视野叫星垂野阔，什么样的心境叫目下无尘，什么样的关系能披肝沥胆，什么样的勇敢叫赴汤蹈火，什么样的坚持叫死不旋踵，怎样的女人称得上雪魄冰魂，怎样的男人当得起剑胆琴心。

你说，语文是天生浪漫的。这是你的教育信条。我也始终坚信，语文天生浪漫，语文天生智慧，语文天生洒脱，语文天生优雅。我也坚信，这些年我最落寞最失意的时候，语文是我坚强的依靠。这些年我最潇洒最快意的时候，语文是我抒怀的诗酒。

就像我最后写下的那篇作文一样，聚散有时，不负相伴。生活还很长很久。铁打的学校，流水的学生，今后的路就要由我一个人走下去了。

可是，我会永远相信，无论我走到哪里，无论前路多远、多苦、多累，都会有这样一个人一直站在我的身后。他有时候傻傻的，面对学生的时候说不出什么十分暖心鼓励的、振奋人心的话；有时候他只会憨憨地对着我笑，最后一节课上自己写了告别信还缩在教室后面不敢念，考语文前一天晚上告诉我一切随缘……他会一直给予我力量，给予我温暖，给予我信心，给予我大千世界的无数的美好。就如我跟他一起走过的那段说长不长、说短不短的三年时光一样。

是真的，今后的路真的要自己走下去了。以前拿来开玩笑的那句"没语文课多好"，现在却多么害怕它变成真的。

也许有一天,我会回到这个我开始的地方。也许有一天,我们又能坐下来海阔天空地畅谈古今,也许有一天我们又可以在球场上尽情挥洒汗水,也许有一天我会变得像你一样。但是现在,我们真的要别离了。

对不起,你布置给我这个课代表的最后的任务,我没有完成。虽然我知道你真的很难亲口念出那封告别信。

我希望我们都能洒脱一点、超然一点,在没有彼此的路上砥砺前行,不负相伴。

你是否也会红着眼?

这里的故事你是否还记得?

李竟涵

青春正步走,赤子心飞扬

亲爱的南宁三中:

有一张名片,是他们首创;有一个集体,他们头顶烈日纹丝不动;有一群旗手,他们步履铿锵走出威严。首届国旗班,是我们故事的开始。

正式开学前一周,南宁三中五象校区首届国旗班"开学"了。那是让人站在室外没多久便汗如雨下的初秋时节,四十多名心怀热爱和梦想的首届国旗班成员,在烈日下接受教官的训练。稍息、立正、向左转、向右转、齐步走、正步走……每天的训练超过六小时。其他人还在留恋暑假的时候,我们在国旗下、在烈日下反复训练,精益求精,为的是在三天后的开学典礼上,把五象校区内的第一面五星红旗冉冉升起。没人喊苦喊累,没人打退堂鼓,没人消极偷懒,个个都像战士——能扛起中华民族伟大复兴旗帜的战士。你看,他们站如松,立姿挺拔;他们行如风,干脆利落;他们坐如钟,气势凛然:我第一次感受到同学们对五星红旗是如此热爱,对擎旗护旗是如此认真,对每一个动作是如此用心,也许这就是荣耀、是梦想、是信仰。

开学典礼上,国旗班圆满完成任务,首战告捷。每个星期天晚上,当其他人在教室自习的时候,我们来到操场训练,虽然身披夜色,但丝毫不降标准。齐步走、正步走、敬礼、礼毕,这一套动作我们练了又练,直到我们的步伐在同一频率、脚落地时发出同一声音,队形整齐划一,这样才能确保每周的升旗仪式上我们能把最好的形象展示出来,不辱使命,不负五星红旗。

从酷暑到寒冬再到秋日,首届国旗班的同学们每天在操场、在体育馆、在图书馆楼前准时、庄重地升起国旗,国旗每天迎着朝阳升起,伴着日落降下,风雨无阻。哪怕只有一个人,也是一支队伍,一支名叫国旗班的队伍。

斗转星移,寒来暑往。转眼已是2017年深秋,第二届国旗班正式成立了。看着他们略显稚嫩却朝气蓬勃的面庞、挺拔威武的身姿,我仿佛看到了一年前的自己。那是一次平常的星期一升旗仪式，也是一次难忘的国旗班交接仪式。首届国旗班在指挥员嘹亮的口令下正步走向主席台。短短50米，我们仿佛走了很久，从中考后的那个夏天走到了寒冬，走到了新一年的春日、夏日、秋日，走过了高中第一年。我们也仿佛走得很快，阳光和汗水早已融入我们心中，化作护旗的青春力量。

他们接过了这庄严而光荣的接力棒。

我脱下那身军装，洗净熨平，挂在衣柜最显眼的位置。它承载的是我与南宁三中故事的开始，是我高中生涯的起点，是我心中的火种生根发芽的沃土。

高考后，我抱着试一试的心态报考军校，最终顺利成为一名军校学员。帽子上的军徽熠熠生辉，它闪耀着新中国成立七十周年华诞欢庆的光辉，也静静诉说着人民军队从无到有、由弱到强的丰功伟绩和发展史。这是我值得自豪一生的选择，如同我当年选择加入国旗班护卫国旗一样，选择了为国旗扛枪列阵，保家卫国。不忘初心，是国旗班在我心中播种下爱国主义的种子，是国旗班的光荣让我挺起脊梁，是国旗班的经历锻造了我的铮铮铁骨和迎难而上的不屈意志。牢记使命，不忘为国家鞠躬尽瘁，不忘把国家利益高举过头顶，不忘全心全意为人民服务。

新时代，我们重整行装再出发。"陆军是党最早建立和领导的武装力量,历史悠久,敢打善战,战功卓著,为党和人民建立了不朽功勋。陆军对维护国家主权、安全和发展利益具有不可替代的作用。"我很荣幸能秉持一颗爱国之心加入人民陆军这个光荣的集体,实现由"国旗班成员"向"指战员"的转变。作为时代背景下应运而生的无人作战专业学员,我感到肩上的责任越来越重大,只有学好专业知识,练好战术素养,学以致用,精益求精,才能不负韶华、不负使命、不负祖国、不负人民。三年来,我加入了中国共产党,成了学员骨干,取得了一些成绩。我深知,只有不忘自己为何出发,不忘自己走过的路,脚下才有力量。是国旗班那段深刻难忘的时光塑造了我,是南宁三中的历史底蕴滋养了我,是含辛茹苦的老师教育了我,我永远以南宁三中为荣,我永远是母校的学子。

如今,南宁三中五象校区第七届国旗班正步走来。他们高擎国旗,步履铿锵。在此,我向年轻的旗手们致敬!

尹 杰

我永远以三中为荣

亲爱的三中：

岁月不居，时节如流。回想三年前，我刚迈进南宁三中大门，耳边回响的是"今天我以三中为荣，明天三中以我为荣。"的铮铮誓言。此时此刻，站在国旗下，我的心中更是百感交集！

每一分成绩的获得，凝结着无数人的心血。今天，我要向帮助我取得好成绩的领导、老师、家长和同学致以最诚挚的谢意！遵循着"真·爱"教育理念办学的南宁三中，始终把为党育人、为国育才当作宗旨，举全校之力，用实际行动打造"品质教育，学在南宁"的名片。在学校领导的大力支持下,我们拥有了全国一流的实验室等硬件设施,更拥有了一流的教师团队。

我要感谢吴小华老师等物理竞赛教练,他们的敬业、乐业和专业,一路托举着我、支撑着我摘取最明亮的星辰。

感谢班主任张小华老师,她爱生如子,育人有方,在我两年半的物理竞赛备战之路上,她的爱与陪伴,一如既往,从未缺席。

感谢三中所有的老师,我知道艰苦的前行路上,你们一直在为我鼓掌、为我加油、给我帮助。你们的大爱,彰显了三中人的格局,突显了三中人的温暖。三中人的团结铸就了我的金牌,铸就了今天的我。

同时,我也要感谢我的家长。一直以来,他们全力支持我、鼓励我,在物质上和精神上为我提供了最坚实的保障。

我还要感谢与我一起奋斗的同学们,我们相互鼓励、相互帮助、共同进步。一个好成绩的由来绝不单单只靠个人的单打独斗,它更需要在集体的温暖和智慧下铸就。

当然,我还要感谢我自己。在这次国家队选拔考试中,各科考试总时长达到了23.5小时。最终完成考试时,我长长地舒了一口气。攻克这次考试就像走过了一条漫长的路。一路跋山涉水,一路挑战不断,但也一路风光无限。有句话是这么说的:"将来的你,一定会感谢现在努力的你。"两年半以来，我几乎放弃了所有的寒暑假，放弃了双休日，经历了新冠疫情期间许多困难和各种不确定性因素：高一坚持常规上课和竞赛辅导、高二下学期开始押下"赌注"完全停课、竞赛线下培训时断时续、决赛线上进行、选拔赛推迟等，它们考验着我的耐心，磨练着我的意志。感谢我对物理竞赛始终抱有热情，感谢我心中一直有信念支撑，感谢我从未想过放弃，感谢我一直相信相信的力量！一路走来，我慢慢意识到，真正能给我持久、真切的快乐的，绝不仅仅是解决眼前的一道道题目，而是物理本身的迷人之处。那是一种认识世界、探索世界的理想；是一种见物讲理、依理造物的追求；是一种即物穷理、格物致知的生活态度。如果一个人能够突破时间的局限，在他的少年、青年、中年甚至老年一直以一颗赤子之心面对世界，以一种童年之乐回馈自我，我觉得这将是莫大的幸福，而物理则给了我这种幸福。在此，我也衷心地祝愿各位同学也能找到自己心中那一份真正的快乐、真正的幸福。

作为一名普通的中学生，我能够代表祖国参加国际比赛，用自己的方式，在国际赛场上为祖国增光添彩，真的是荣幸之至！同时，作为一名从广西走出去的学生、从南宁走出去的学生、从南宁三中走出去的学生，我的内心更是无比骄傲和自豪！我愿和我的同学们一起，努力做到"坚守初心，秉承匠心,保持虚心",时刻牢记作为一名青年学生的任务,严格要求自己,止于至善,细致入微,虚心请教,深学践悟,踏实地向自己的目标前进。我还想对"卓越2023"的高三同学们说:过去,我们怀着对未来的向往,对知识的渴望,踏进南宁三中这所百年名校,带着"我的高中生活会是怎样的呢?"这个问题,开启了我们的高中之路。3年来,这份初心一路蔓延,蓬勃生长,长成了参天大树。113天后,高考的战场上,相信我们会用刻苦虚心的态度和科学严谨的工匠精神,获得奋勇向前的力量,成为一个"今天,三中就以你为荣"的学生,不断书写南宁三中雄伟的新篇章,更为中华民族的复兴伟业贡献我们青春的力量!

蒋岱兵

四季如歌，有缘归来

沁梅园的矮芭蕉：

你还好吗？

你还是如过去那样，在清晨的朝露中绽开第一片花瓣吗？你长大了吗？大到可以予人荫庇了吗？还是说，你和我们一样，挥手告别了自己在五象校区的韶华？

每当晚霞渲染天边，我便仿佛又回到那条装载着风声、雨声、读书声的悠悠长廊。直走过第五个路口，转角第二间教室便是我们文科三班，你就在教室的右侧，默默陪伴着我们。

矮芭蕉，你还记得讲台上那些大人的身影吗？

张沛老师，是三班同学们景仰的对象。她以专业的教学素养与洒脱的性格魅力，斩获了一大波"沛粉"。每每她端着板凳在教室外坐下，教室里便有人轻声说："沛来啦！"五秒之内，同学们便像铜墙铁壁一样，将她牢牢圈在中间。"老师，帮我看一下作文吧。""不得不得，上次刚排到我的！""又来晚了……"让人仿佛置身于一场低分贝但热情似火的粉丝签售会。

周武老师，他细致认真的讲解会让同学们与错过的正确答案牵手成功。

Jenny老师的课堂总是充满"Funny"（有趣的）。穿着时尚的她，用有趣的课堂形式让每堂课都自然而然接近尾声。高考的前一天，她特意带了几箱牛奶到班里送给我们，还为我们每个人都手写了祝福小卡片。面带笑容的我们与红色牛奶罐、白色小卡片留下一张又一张的合照，这是独属于我们之间的爱的纪念品。

而在谭峰老师的眼中，三班的孩子总是很优秀的。他总是谈吐文雅："我知道各位同学们十分努力，这次考试取得的成绩令我受宠若惊……""大家有没有什么好的历史学习方法可以跟我交流分享一下，我也可以提高一下自己的业务水平……"他上百页的幻灯片储备、磁性的嗓音和风趣的谈吐永远不让他的学生失望。

我们的美女老师——施然，以亲切的南普（南宁口音普通话），像朋友一样和同学们一起做地理题。每次临近上课，施然温柔一句话："三班的同学啊，再不回来我就要给你们差评了啊。"外面拿着羽毛球拍和踢毽子的同学一收到信号，必定会蜂拥而至，将前后门堵得水泄不通。

　　最后，是与我们亦师亦友、给我们细致入微关怀的"敏姐"。她是有着许多口头禅的政治老师。"马克思主义活的灵魂是什么？""来我们一起来背目录""这题反反复复考，谁又错了？你看看，四分就没了，多可惜啊！"……作为班主任，她总叫我们"三班的孩子们"，无论是学业谈话还是班集体活动，她总会在同学们的身旁用记事本写下大家的目标，默默地为大家拍照留念。她说她期望孩子们都能做"明是非，知轻重"的人。"明是非，知轻重"这六个大字被张贴在教室后头，陪伴了我们三年，成了烙印在我们心上的永恒的"知识点"。

　　矮芭蕉，当年我们总说你和沁梅园一点也不相衬。如今，不相衬的你却成了我们魂牵梦萦的归处。当时矮矮的你如今是否已经变得高大？那朵紫红色的花里是否已经结出果实？

　　矮芭蕉，你停留在原地慢慢生长，而我们背着装满三年回忆的行囊向前远行。高考是一场试练，我们因此而相聚，又因此而分别。成长的空间总是变换，身处他方的我们揣着这份珍藏的回忆,努力成为可靠的大人。在未来的某天,也许我们会悄悄出现在三班的门前,给你一个惊喜。回想起毕业晚会时的那一场烟花——金色、绿色、红色的烟花交织在空中绚烂绽放,就像每一个三中学子所怀揣的青春与梦想一样熠熠生辉。

见字如晤,有缘归来。

陈天晴　梁艳媚

五三的夜

五三的夜：

  好久不见。

  提笔的此刻正是夜晚，淅淅沥沥地下着小雨，微微有些凉意。闭上眼睛好像回到了五年前的那个晚上，那时正是南宁三中一百二十周年华诞，全校的同学们都聚集在了操场上。虽然不是好天气，但大家还是因为暂时摆脱了沉闷的晚自习而兴奋地摆弄着手里的荧光棒，在老师的指挥下排列成一个不太完美的"120"。

  转眼五年就过去了，作为五象校区元老一届中的一员，现在的我已经是大学四年级学生，即将结束自己的学生时代。回想起自己的高中生活，不知为何多是五三的夜晚。也许是时间过滤掉了那些曾经神经紧绷挥汗如雨的白日，以及那些因高高低低的排名和弯弯绕绕的题目而心情烦闷的早晨，留在记忆里的，只有那群有着天马行空幻想和过剩精力的少年，以及与他们在五三的夜里一同创造的一段又一段的青春记忆。

初来乍到的2016级新生和刚刚建成的五象校区在那个初秋相遇了，显然新学校对这次邂逅有些手足无措，停电和停水都是常有的事。那些夜晚，大家一手提着水桶，一手举着手电筒，在消防车后排起蛇形的长队，去接洗漱用的水。大家一边笑着感叹能有如此特别的经历，一边接力把水桶沿着宿舍楼楼梯传上高层的宿舍。那些夜晚，晚自习时偶尔灯会突然熄灭，教学楼里各班纷纷亮起星星点点的手电灯光，活泼的老师给大家弹吉他、唱歌，引来同学们的阵阵掌声，一场停电事故旋即变成真挚浪漫的绚烂晚会。那些夜晚，我们宿舍六个人常常在阳台栏杆边上一字排开，抬头仰望难得一见的满天繁星，有一句没一句地聊着心事和梦想，消磨空调罢工的时光。设备的不完善阻挡不了我们对新生活的热情，洋溢的青春让所有意外都成了奇遇。

每个周三都是值得期待的日子，对于没有智能手机的我们来说，周三晚自习前的观影时间是我们难得的接触外界的

机会。我们早早在教室里张望着,等待语文老师或是课代表带来魔法棒般的U盘,盲猜他们给我们带来的是一集观察世间百态的《世界周刊》,还是一期精彩纷呈的《中国诗词大会》。闷热的夏夜里,教室里弥漫着浓重的花露水味,变幻的光影照在一张张渴望知识的脸庞上。我们一边津津有味地谈论着影片,一边洋洋洒洒地写下大段的感想。看到精彩处,大家哄堂大笑;看到关键处,大家又一齐屏息凝神。短短的半个小时里,我们仿佛一同享用了一场精神的盛宴,从中汲取的能量足够我们在面对各种作文题目时都下笔有神,更将我们积攒的烦闷都一扫而空。

"今晚有炸鸡腿!"晚自习结束的铃声一响,教学楼顿时嘈杂了起来,迫不及待的同学们挎上书包就朝着食堂飞奔而去。在高强度的脑力消耗之后,一顿热腾腾的夜宵无疑是最好的补充剂,炸鸡腿、炒米粉、烤豆皮、小龙虾……一口咬下去,一天的劳累仿佛消散了。在这短暂的休闲时间里,我总喜欢和朋友一边吃着小馄饨,一边绕着宿舍楼走上几圈,活动活动因伏案一天而僵硬的肌肉,再互相倾诉白天里的烦恼和见闻,直到手里杯子中的饮料被喝光、碗见底了,才不情愿地往回走。昏暗的校道上只剩下几盏还在工作的路灯,灯下隐约还有些不愿离去的身影。

大学的暑假里,机缘巧合下我认识了一些和我年纪相仿的三中校友。我们之前并没见过,但当我们坐在夜宵摊的桌子旁,点上一盘小龙虾,边喝着可乐边聊起从前,突然之间感觉彼此无比的亲近。从有趣的老师到三中别具特色的元旦通宵晚会,从狂欢的泼水节到各显神通的校运会开幕式,我们在夜里聊得尽兴。但当谈起高中最美好的时光时,大家无一不怀念这些平凡又闪光的夜晚。如果说那些盛大的活动像是高中生涯里绚烂的烟火,那这些日常里的尽兴时刻则是无涯学海中突然游过的鱼群、迷雾森林中呢喃的鸟语。我们紧绷的神经在这些时刻松弛下来,忘掉迷茫,认真享受当下的踏实,感受年轻所独有的热血激情。这些痛快的时刻更成了我们奋发施力的锚点,我们且战且休,插下了一面又一面的战旗,拿下一个又一个的阵地,跌跌撞撞又无比坚定地一路冲到了终点。直到现在,这些在五三的夜晚依然是我心中一股永远涌动的春泉,在孤立无援的时刻、怀疑自己的时刻,我总会想起那些与同学们并肩作战又同笑同泣的夜晚,它们让我感到不孤单,感到拥有着充满希望和活力的生命。

  我们不能永远年轻,但我想母校可以永远年轻、永远风华正茂。一代又一代的学子怀揣着梦想踏进南三的大门,创造属于他们也是属于所有南三学子的青春记忆,离开时,烙印在他们心中的是南三学子的敢拼敢闯与真爱信念。南三的严厉,鞭策着我们拼搏奋斗,南三的包容,又让我们在最不羁的年纪爱过疯过。这一切都融进了记忆中那温热喧闹的五三的夜,它们会不断被提起,永远不被忘记。

  今晚,五三的天空还是繁星点点吗?

  五三的夜,我好想你。

沈扬子

我在三中的点滴故事

亲爱的母校：

您好！

三年时光荏苒，三年的求学时光像沙粒从指缝间穿过，流得飞快。三个月前的我迎来了我人生中的第一场大考，我还清晰地记得当英语考试结束的铃声在整个考场中回荡时，当我周围的同学在一起尽情地欢呼着、畅想着未来时，我知道我在三中求学的三年至此画上了一个圆满的句号。从那一刻起，我的身份从三中学生变成了三中校友。虽然校卡不再能够使用，刷卡机上不会显示我签到的次数，一切都仿若过去式，这场持续三年之久的表演完美落幕，但这三年与您相关的点点滴滴持续在我脑海中放映着，现在我想说给您听。

我的高中三年是充满波折的三年。2020年初春，由于新冠疫情影响，我们年级正式宣布开始进行网上教学。一切都是那么地猝不及防，我们不能按时返校，无法面见和蔼的老师和曾一起互相嬉戏打闹的同学，QQ群成了我们日常交流问题的媒介，我们有时也会打语音电话进行沟通。网上教学总伴随着许多突发状况：有的老师远在家乡，信号不好，上课的时候影像会突然消失不见；有的老师没有电脑，只能拜托其他老师帮着班里的同学上课；有的老师对于网课软件不大熟悉，调试设备要花很长的时间。同学们也在努力地跟上授课的节奏，有的同学没有麦克风，没法上课回答问题；有的同学没有合适的学习环境。足足四个月的网课给了我们不小的挑战，直到紫薇花盛开的5月，我们才在校园里重新聚首，这时已经重新分班，我们去到了新的班级，认识了新的同学和老师。之后的两年也时不时受到疫情的影响：原本丰富多彩的校园活动难以按照预期开展，父母亲友不能进入校园，这让大家都留下了些许遗憾。但正因这样的波折，我更加珍惜这三年的求学时光。

我的高中三年是充满色彩的三年。在刚入学的第一个月，我们便迎来了第一个大型活动——红歌会。我们创新地采用了串烧歌曲的方式来演唱，虽然难度不小，但是每个同学尽情投入。这不仅仅是我们进入高中参与第一次的大型活动，更是在以我们的方式献礼新中国成立七十周年。不久后的11月，我们举办了校运会。橙色的暖阳洒在红褐色的跑道上，运动员们迎着风、沐浴着阳光在赛场上挥洒汗水。他们听着同学们的加油稿通过广播播音员铿锵有力地播报出来，在赛场充满动力。新旧相交之际我们又开展了元旦迎新庆典，元旦通宵晚会上，两条校园主干道摆满了各个班经营的摊位，吃喝玩乐应有尽有。同学们是主角，家长、老师在后面默默地支持。元旦通宵晚会场面灿烂盛大，封存在我的记忆里从未褪色。后来受疫情的影响，大规模的活动减少了，但我们依然将活动办得有滋有味、有声有色，无论是班级定期的团建，还是之后的成人礼、毕业活动，都是我们在三中求学时所绘的亮丽色彩，装点着校园的每一个角落。

我的三年也是无尽感动的三年。我曾在选择文科和理科的中徘徊纠结，物理和生物都是我极为薄弱的学科，高中这两门学科陡然增加的难度让我内心不由得对它们产生了畏惧，但理科意味着更多的专业选择，我陷入了深深的迷茫之中。偶然的一次机会，我和班主任李小梅老师进行了深入的沟通，她鼓励我坚定信心去选择自己所感兴趣且擅长的文科。选择文科虽然意味着我可选的专业要比理科少，但是这三年我在三中遇到了很好的老师，他们引领我坚定地在文科的道路上前进；他们用鼓励的话语使处于低谷时的我重新振作、整装再出发；他们用耐心与严谨将一棵棵懵懂的小树苗浇灌成为今天的小树、未来的参天大树；这份师生间的感动将会内化成我大学四年继续前行的无限动力。给我带来无尽感动的还有同学们。我在刚认识新的同学时很拘谨，不愿意主动交流。在他们的鼓励下，我学会在课堂和团建活动中大方、自信地表现自己。无论未来走向何方，相信这三年中所蕴含的感动会藏在彼此心底，我们会铭记一生，会在无数次的高中同学聚会中反复提起。感谢您让我们在这个校园里相遇、相知、相伴三年，您永远是我们的心之归处，是我们的第二个家。

  南宁三中于我言不仅是奋斗和实现自己理想的地方，更是使我不断全面发展的地方。三年来我们虽然经历了种种波折，但您带给我们多彩的校园学习生活让我们这段珍贵的青春时光充满感动与依恋。我会将这些美好的回忆小心地呵护着，珍藏在我未来的时光中。感谢您给予我这三年。正值您一百二十五周岁生日，我想把这波折但充满色彩与感动的三年求学生活说给您听。愿南宁三中越办越好，继续培育祖国栋梁之才，续写多彩青春！

蒙俊好

星空璀璨,明天更好

亲爱的五三君:

见字如面,展信安!

我此刻在北京。你一定和我一样,正仰望着同一片夜空吧?我一切都好,你不必担心。今晚北京的天空中只有一弯明月"上夜班",它就像一叶扁舟,载着我回到甜甜的记忆里。我依偎在你怀里,与你同享三个美好夜晚的画面又一次浮现在脑海中。

那是一个辞旧迎新的夜晚。那个夜晚,"美食一条街"热闹非凡,"十大歌手"大展风采,"社团一条街"精彩纷呈……每个三中学子都在尽情地狂欢,都在期盼着新岁的到来。寒风瑟瑟，但如何抵挡得住如火似浪的热情？因为每个三中学子都知道，那意味着自己美好的明天，意味着亲爱的你——五三君的美好的未来。熊熊篝火照亮了那一个辞旧迎新的夜晚，千人齐聚操场，一同唱着、跳着、舞着、数着："十、九、八、七、六、五、四、三、二、一——新年好！"一片热情的欢呼声中，大家忽然发现宿舍楼的灯竟然尽数熄灭，短暂的安静后，那灯竟像一块块约好的多米诺骨牌，一盏接一盏地亮起，展现出了"2019"和"2020"的字样！地上的火光、灯光和天上的星光交相辉映，每个人都许下新的愿望——星空璀璨，明天更好。

  那是一个击鼓出征的夜晚。晚自习下课后我刚走到宿舍楼下，便看见同学们有的围在阳台上，有的靠在走廊的栏杆旁，宿舍区似乎沸腾已久了。我们高二年级的女生们不约而同地呐喊："学姐高考加油！金榜题名！""五三必胜！三中必胜！再创辉煌！"紧接而来的便是一阵胜似一阵的掌声，这是对学长学姐们的期待，是对学长学姐们的祝福，更是给予学长学姐们的信心与勇气。伴着掌声一同响起的，还有对面学姐同样热情的呐喊："学妹学考加油！逢考必过！"呐喊声和掌声此起彼伏，久久不散。夜空、明月、星星和地面上青春的呐喊遥相呼应。我激动的心情久久难以平复，望着美丽的夜空，只愿深情地祝福亲爱的你——五三君赓续辉煌。

那是一个追逐梦想的夜晚。端午节的傍晚，距离我的高考还有三天，高一高二的学弟学妹们布置完考场后已经离校。英语听力训练刚刚结束，教学楼大院里便传来几声欢呼。一时间，全年级的同学们都涌到了自己班级外面的走廊上。映入我眼帘的是天边的一片火烧云，犹如燃烧的青春，好似热火的梦想，难道是为着这个而欣喜？未容我思考，一楼的同学们便挤到了院门口，争先恐后地跳起来触碰由老师和食堂的叔叔阿姨们精心为我们挂起的粽子——寓意"高中"。又有同学开始绕着大院中央的花坛奔跑。起初他们只是奔跑，后来有同学从教室里往外递班旗，一楼几个班的代表便举着班旗迎风奔跑。楼上的班级代表迅速加入，有人举着班旗，有人扛着班牌，他们都绕着花坛尽情地奔跑。猎猎风中旗飘扬，点燃了同学们的斗志，大家围在走廊上高喊："高考加油！高考必胜！"不知是谁带头唱起了熟悉的校歌："唯我校友，星聚南邕。阳明过化，郁郁葱葱。含英咀华，正义是从。如沐时雨，如坐春风。教学相长，观摩从同。譬如新篁，菁茂匪穷。晨曦融融，怒潮淙淙。三千弱水，一苇之功。……"还有《孤勇者》："爱你孤身走暗巷，爱你不跪的模样，爱你对峙过绝望，不肯哭一场；去吗？配吗？这褴褛的披风；战吗？战啊！以最卑微的梦。致那黑夜中的呜咽与怒吼……"我相信大家心里的答案都是一样的：当然去啊！配啊！战啊！

在这承载着梦想的校园里，在这挥洒着热血的青春里，我们始终与亲爱的你——五三君同心并肩一起向前，追着光乘风破浪！

如今，我在北京中央民族大学给你写信。每每夜幕降临，我都会想起在你怀里度过的一日、两日、三日……与你相依三年，我收获了友情与师生情、成绩与能力、梦想与勇气，还有一颗永远朝向太阳的心。你教给了我从容与自律、包容与自信、坚定与坚强，还有像明月一样温和、恬静的品质。不管走多远，不管到何处，我都会永远记得，亲爱的你——五三君对我的期待，记得你始终是我最坚强的后盾。努力成为最好的自己，定不负君！

一百二十五周年校庆来临之际，我真诚地祝愿亲爱的母校生日快乐！祝愿所有的恩师身体健康，工作顺利！祝愿无论是在天涯海角，还是正在五三君怀抱里的所有学子们不忘初心、砥砺前行！祝愿星空璀璨，明天更好！

陆筱晗

致 4604 宿舍

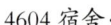

4604 宿舍：

好久不见！转眼就过去三年了，我现在还记得第一次见到你的样子。我风尘仆仆地在炎热无风的早晨爬上六楼，从左往右数，九号房、八号房、七号房、六号房……几乎快到了走廊尾才看到你。第一次看到的你，是灰头土脸的模样。五象校区建立在新开发区，附近各大楼盘彼时正在如火如荼地兴建，工地上的沙土伴着风落到你的身上。床板缝、洗手台、窗户……目之所及，所有物件都被厚厚的灰尘覆盖。我的心情黯淡下来。

但是你也没有那么差，毕竟你在六

楼，那可是校园里最高的地方。抚摸着你遭到风蚀而斑驳的铁栏杆，总能看到些不一样的风景。天气晴朗时，能直接越过远处的土山看到市区；回南天时，能透过笼罩操场上的"白幕"看到影影绰绰的人形；熄灯过后，能俯瞰那些闪烁的手电筒光与夜间巡楼检查安全的老师们。

你的位置太好了，让我总是能看到最好的风景。高二举行足球赛时，你的窗边几乎就是顶级的观赛位。不论是二班绝杀十二班的那个小雨稠密的下午，还是决赛时万众瞩目的点球大战，我都倚在窗边观战，心中默默为球员们呐喊；每年的元旦狂欢嘉年华散场之后，我都会沉浸在狂欢散去的喜悦中，看着刚刚从一场大梦中醒来又马上要沉睡的校园；校运会的夜间开幕式让人印象深刻，在人流逐渐散去之后，总还有些人在射灯的光芒下奔跑，身后跟着长长的影子；当然还有最令人印象深刻的泼水节，一旦碰到了水，所有人都变成了夏日里玩性大发的孩子们。注了水的气球如同点彩画，化成小点砸向路过的人们，炸裂成彩色的碎片散落在楼下的柏油路面上。现在想来，就和每个人的高中生涯之于三中一样，尽管最后都会碎成记忆里零星的残片，剩下的顺着水流走，然而每个水球迸裂的一瞬间注定是独一无二且华丽的。

我很想你，尽管疫情三年，我一次都没能回去看看你，也不知道现在住进去的人是谁，以后又会有谁入住。然而我很希望你接下来的住户能时不时地抬头看看天，看看或淡紫或金黄的晚霞、或疏朗或静默的白云，记住宝贵高中生活中的美好；希望他们每次回到你怀里时都能带着不一样的情感，或苦涩或喜悦；我也希望当他们望着被太阳炙烤的操场或被雨水洗刷到清亮得可以倒映出教学楼与天空的篮球场时，会按捺不住去释放自己生命的活力和冲动。或许在那里会有很多遗憾，如我在高一时因脚踝受伤无法出战的篮球赛、高二足球赛时失误的点球、高三排球赛时球队凑人数不够的窘迫……但正是这些难忘的经历，让作为过客的我们和这座校园多了一条血脉相连的纽带。

我离开你的那天很干脆。我从柜子深处拖出箱子，整理好衣服，把那罐受潮的未开封饼干丢弃，卷起凉席与被褥，最后一次合上电闸，下楼丢垃圾便转身离开了。

你的天空很美，尽管我不常提起你，但会不时想起那片斑斓的天空。别了，我的4604宿舍。

袁昊森